# 料理心得帳

辻　嘉一

中央公論新社

目次

# 料理心得帳

# 味のこころ

# 水のにおい

白魚が出廻りはじめると、春になったという感じがわきあがってきます。日本独特の風情《ふぜい》の味とでもいえる淡味《うすあじ》の中に、いい知れぬうま味を持つかわいい魚で、海水と真水のまじり合う河口付近でとれます。

白魚のおどり食い——とは、生きた白魚を平鉢に泳がせて食卓に置き、二杯酢の小皿にとって賞味するのですが、慣れない人には手が出ません。

塩辛めに加減した熱湯へ洗った白魚をさばき入れ、熱がとおって浮き上がったら、網杓子で静かに平ザルへすくい上げます。

ワカメやウドの細切りなどを脇役にして、米酢《よねず》と醤油を半々に混ぜ、おろしショウガを多めにしぼり込んでいただきます。

白魚やさながら動く水の色　来山

小魚は鮮度が急速に落ちていくので、求めたらすぐ塩水に五分間つけ、平ザルに並べて冷蔵庫に収めるに限ります。

ヨメナかホウレン草と一緒の玉子とじや清《す》し汁《ま》にしてもよく、細い竹串で頭をさしとおして、塩焼や雲丹《うに》焼も乙な味です。

もちろん揚げものとして、和、洋、華、いずれにも調和する便利重宝の扱いよい魚で、その形状は下萌《したも》えの候にふさわしい清らかさとやさしさを備えています。

一年待たねば味わえない季節の美味を、大切に心して賞味したいと思います。

# 相性のうまさ

ご縁組に相性《あいしょう》が大切なように、食べものにも相性の良し悪しがあります。異質の材料を組み合わせて、二つのものがなじみ合い、とけ合って、個々の持ち味にない別種のうま味をかもしだすものが理想です。

京都周辺のタケノコは、寒中に藪の土壌をやわらげ、肥料を入れて、良質なものに育て上げるので有名ですが、こうしたタケノコの掘りたてならば、前もって茹《ゆ》でなくても、やわらかく煮えてくれます。野菜も魚と同様に鮮度を重視して、鮮度に従っての料理法を考えなければなりません。

残念ながら都会のタケノコは、引き抜いてから早くて一日、売れ残れば三日も四日もたっているので、やわらかく茹でてから味つけをしなければなりません。いずれのタケノコも、先端から五分の一までを斜めに切り落し、水をたっぷりはった鍋に入れて、皮ごと茹でます。

エグ味が強ければ、米ヌカをふり込み、さらによくないタケノコは、赤トウガラシを一緒に入れて茹でますが、とにかく、目をつぶって金串で突きさしてやわらかさをたしかめ、鍋のまま冷めるのを待ち、水洗いをしてから皮をむき、なるべく分厚く輪切りにします。

水につけてやわらかくなったワカメの軸だけを取り除き、ざくざくと三センチに切り、タケノコと一緒に鍋に入れて、ヒタヒタの水で煮はじめ、淡口醤油だけの加減で煮込み、火からおろして味をなじませておきます。

いただく直前に、もう一度煮立たせ、熱つあつにたっぷり木の芽を添え、落ちついてしっかり味わうと、相性の美味が堪能できます。

# 春のうしお

海魚の王といわれるだけあって、マダイは姿も色もよく、クセのない上品な味で、その上、生《なま》よし、煮てよし、焼いてよし、のあらゆる料理に適し、王者の貫禄十分です。

平常は中層の岩礁地帯にすみ、群居を好まず、寒中は深い所におりますが、青春期を迎える三、四月ごろになると艶《つや》っぽい色調を帯び、瀬戸内海で四、五月ごろ、伊豆方面では五、六月ごろ、産卵のため浅瀬へと近づきます。

新鮮なタイは頭や皮までもおいしくて、捨てるところは内臓の一部とウロコだけです。骨は白焼にしてスプーンでかき取り、めん類や酢の物に使い、また、タイ御飯やデンブには、こまかくソボロに刻み、その残り骨をヒレと一緒に煮出して、濃厚な出し汁を作り、味噌汁やめん類用として経済的に活用してください。

タイの頭の塩焼や酒蒸《さかむ》し、サンショ焼は、なるほどとうなずけるうまさですが、それを骨の髄までもなめ取り、骨と肉の間の液汁の一滴までも吸い取ろうと、なりふりかまわず野性的に味わってこその美味で、箸先でつっつくだけでは、美味の深奥をきわめることはできません。

潮汁《うしおじる》は、タイの頭と骨を食べよく切り、三時間ほど薄塩をしておき、コンブの一切れとともに四倍量の水に沈め、沸騰直前にコンブを引き上げて表面のアクを取り、塩だけでお加減してすぐにお椀に盛り、木の芽を吸口として浮かします。

越えかねて巌をめぐりぬ春の潮　　丈蘭

この句のイメージにぴったりの塩加減が望ましく、塩のききすぎはよくありません。

# ほろにがさ

料理上手とは、苦い味をおいしく食べさせる人だ――という諺《ことわざ》が中国にあるそうですが、おいしいものの中には、幾分かの苦味がひそんでおります。

フキノトウにはじまる春の野草は、多少のちがいはあれ、それぞれに苦味を持ち、その苦味に薬効があるようです。郊外の川岸や土手に日一日と頭をもたげるツクシやヨメナ、セリ、タンポポ、ヨモギなどの野草にあこがれる人はあっても、今日の都市生活では、縁遠いものになっています。

それにかわるものとして、葉付きのフキを求め、葉を捨てずに、葉脈《じく》だけを残してむしり取り、熱湯で茹でてから、水を何回も取りかえながら丸一日水にさらし、苦味をほどよく抜き去ります。

鍋に、濃口醤油八、清酒二の割合を煮立たせ、水をしぼったフキの葉を二センチに刻んで、両手でさばき入れ、落し蓋をして煮込みます。

甘味のほしい方は、ごく少量入れてもよく、その調味が満点であっても、苦味の抜きすぎと煮すぎは禁物で、堅からずやわらかすぎずの歯ざわりの快さを味見して、確かめねばなりません。

「ほど良し」と思われたら、すぐザルに打ちあけて汁から放し、汁だけを煮つめて混ぜ合わせるのが、大切な心入れであります。

保存用は濃厚に、即席用はやや淡味《うすあじ》に加減し、時には素朴な色合のシラスボシ（関西のチリメン雑魚《じゃこ》）をはじめから煮込むと、ほろ苦い中に別趣の美味が生まれます。

蕗《ふき》の香を好む齢《よわい》に母恋し　　節子

# 畑の肉

畑の肉——と呼ばれる大豆を、祖先は理屈や理論からでなく、体得と積み重ねの工夫によって、知恵作り、体作りに役立ててきました。

味噌、醬油をはじめ、豆腐、湯葉、納豆など、いずれも大豆製品であることを思えば、大豆の恩恵を忘れてはならないでしょう。

大豆の良し悪しは、手のひらに十粒ほどのせて、ふっくらとして皮が薄く、乾燥が良くてキズがなく、粒のそろったものをと、しっかり見定めねばなりません。

水洗いして一晩水に漬け、そのまま火にかけ、煮上がったらぐっと火力を弱め、コトコトと気長に煮ます。

コンブはなるべく分厚な黒めのものを二センチの角に切り、大豆と一緒にはじめから煮てもよく、早く煮える良いコンブは中途から混ぜ入れ、とにかく大豆を壁に投げつけ、ぴちっと密着するまでにやわらかく煮えたら、醬油で加減してさらに煮込み、鍋のまま一夜を越させます。

海と野の幸がかもしだした汁の味見をして、ねっとりしたうま味の中に、砂糖の入る余地があるかどうかを確かめて、甘味のほしいときでも、ごく少量にとどめ、せっかくなじみ合った滋味を、強い甘味でおおいかくしてはなりません。

コンブ、ワカメ、ヒジキなどの海草は、われわれの体に必要な食べ物で、とりわけマメコンブは補精強壮の効果ありと聞きます。

食味の中には、現代の科学ですら未だに解明できない秘密がたくさんかくされているようですが、マメコンブの美味は、温故知新の食としておすすめできるご馳走の一つであります。

# 擂鉢の作る味

台所用具の中で、擂鉢《すりばち》は形姿や筋目の美しさ、機能美の点からも最上のものだと思います。身近なものは慣れすぎて、有難さもその美をも見過ごしがちで、特に戦後の擂鉢は邪魔者あつかいされているようです。

本当においしいゴマびたしやゴマ豆腐は、いりたてのゴマをすぐ擂《す》って作らねばおいしくありません。

擂鉢はゴマを擂るばかりでなく、ツクネ芋を直接筋目にあてて擂りおろすとか、上に広く下すぼまりの形が、つけ焼醤油の容器として最適ですし、即席の漬物用などにと使い道は多く、まことに便利重宝なものです。

一時間前に、熱い番茶でカラシを堅く練り、空気に触れないように器ごと伏せておき、ゴマの荒擂りに対して一割弱量のカラシと醤油七、米酢三の割合を徐々に注ぎ、どろっとしたカラシゴマ酢を作っておきます。

鶏の笹身の塩焼を指先で細長くむしっておき、キュウリを五センチぐらいに切り、かつらむきにして細く打ち、ウドも同様に切り、いずれも水にさらしてぴんと張りをもたせてから十分に水気をふり切り、鶏と一緒にカラシゴマ酢に混ぜ合わせて、すぐ賞味します。

淡い味を望まれる方は混ぜ合わせないで、食卓に着いてからご自分の好みの味を作って召しあがってください。

砂浜にかわいい芽を出した防風《ぼうふう》を摘み取り、砂をよく洗って手早く茹で、カラシゴマ酢で和《あ》えると、お酒のお相手に好適であります。


潮の香のをり〳〵つよし防風摘む　　越央子

# 手塩にかけて

手塩にかける——とは、わが児をいつくしみ育てる母親の、献身的な働きをわかりやすく表現した言葉ですが、そもそもの語源は、醱酵が過ぎて酸味のつきやすいぬかみそ（関西のどぼづけ）桶に、毎日、一つかみの塩とヌカを混ぜ入れて練り合わせ、ナスやキュウリがおいしく漬かるようにと、手入れを怠らぬ主婦の心意気から生まれた言葉だと聞きます。ぬかみそは、雑菌の侵入を防いで、乳酸菌を上手に醱酵させないと特有の風味は生まれません。

それ故、乳酸菌の好む酸素を与えるためによくかき混ぜますが、その混ぜ方を怠ったり、不潔な保存法などの結果、雑菌が繁殖し酸っぱい味になります。

暑くなると、さっぱりしたお茶漬がおいしく感じられますが、しっとりと風味よく漬かったナスやキュウリが脇役となり、さらに味を深く楽しくします。

鉄鍋で米ヌカを煎り、その半分量の塩を水で煮立て、冷えてからヌカに混ぜてよく練り、桶か壺に押え入れ、きっちりフタをして布巾で覆い、なるべく涼しい場所に置き、朝夕、底まで手を入れてかき混ぜ、四日後に手のひらに塩をつけ、ヘタを切ったナスの肌をやわらかくこすって漬けはじめます。

ナスの大小、品質、新鮮度、ヌカ床の状態などを考え、漬け込む時間を加減する主婦の心がけが美味を作りだします。

氷水で洗って、切り口に庖丁目を入れて引き割《さ》き、手の形がつくほど強くしぼり、鮮やかな色も一緒に賞味します。

こ れ や こ の 江 戸 紫 の 若 な す び　　宗因

# 大和屋汁

二十年ほど前、今東光、松本幸四郎、淡島千景の皆さんと一緒に、坂東三津五郎丈の手料理のお茶事に招かれたことがあります。

手際よくできた種々の料理の中に、小角に切ったトマトと、かわいい浜ちしゃを中身にした味噌汁がとてもおいしかったので、一同、目を見張って驚きました。

懐石が終ってから、だれ言うともなく「味噌汁がうまかった……」と感想をもらしたら「あれは牛乳仕立ての味噌汁」とのこと。牛乳と聞いたとたん「気味が悪い」と言い出した人があり、大笑いしました。その折は、京の白味噌に八丁味噌が少し混ぜてありました。

三津五郎丈の手料理は、味自慢やお道楽からはじまったのでなく、晩年病気がちだった先代三津五郎さんを慰めるための庖丁振りで、今も年老いたお母さんに早朝から手料理を作っておられますが、親思いの孝心が生みだしたお汁を、私は、大和屋汁と呼んでいます。

牛乳一に対して、二の割合の水を一緒に鍋に入れ、仙台味噌と八丁味噌を七三ぐらいの分量にとき入れ、一度、味噌こしで漉《こ》してから火にかけ、煮え上がろうとする直前にアクをすくい取ったらできあがりですから、簡便この上なしのおみおつけです。

中身は何を入れても調和しますが、特に揚げたジャガイモにみじん切りの三つ葉、また小さな揚げパンに、針に切ったセロリーといったものまでよく合い、不思議にも八丁味噌の強い味が、牛乳のクセ味を消してくれます。

香りも味の内

一週間放っておいてもカビのつかないパンをはじめ、加工食品に添加される恐ろしい色素や防腐剤の氾濫を許している天下泰平ぶりを、そう手放しで喜んでばかりもおられません。

たとえ微量ずつであっても、内臓に蓄積されると大変です。台所仕事の短縮が文化生活だとする間違った世相が原因の一つで、知らず知らずのうちに、自分の手で内臓を冒しているのだ——ともいえましょう。

食は明日の生命を保証し、一家の知恵作りの源泉だと考えれば、だれでも真剣に料理に取り組みたくなるでしょう。手間をかけずに、ただ栄養と騒ぎますが、栄養価は極端にいえば口に入るまでの計算です。食べ物は楽しんでおいしく食べないと、内臓は計算どおり栄養吸収の役目を果してくれません。

どんなに上手に炊けた御飯でも、釜から直接お茶わんへ——の食べ方では、御飯のダイゴ味は得られません。

木地のおひつへ移すとき、木杓子二本で釜肌と真中の御飯を混ぜ合わせ、布巾を着せかけ、蓋をして十分間。

この処理で不必要な水分を、木肌や布巾が吸い込み、発散し、御飯がしっとりと落ちつき、真においしい——と、心を養う滋味が生まれるのです。手間を惜しんではなりません。
シソ御飯は、シソの大葉を細かく刻み、塩もみを十分にして青汁をしぼり、指先でさばいて、塩加減をして炊いた御飯をおひつへ移すとき、手早く混ぜ合わせます。ぷーんと鼻を突く季節の香りを賞味しましょう。

紫蘇しぼりしぼりて母の恋ひしかり　　多佳子

# 歯触り舌ざわり

南洋で育ったカツオが、黒潮にのって日本の太平洋岸を北上し、青葉の頃、相模湾をとおり、みちのくの金華山沖で迂回して、南へ帰ってゆく。日本とは実に恵まれた国であります。

カツオは鮮度が早く落ちるので、漁場で五枚にあげて蒸し上げ、ナマリ節と名を変えて送り出され、初夏の食卓をにぎわせます。

蒸し鍋の中へすっぽり入る四角な深い器へ、斜め切りのナマリ節を並べ、味醂《みりん》、清酒、醤油で加減した汁をヒタヒタに注ぎ、器ごと蒸し鍋に納めて約十分間ほど蒸すと調味汁が全体に過不足なく浸透し、カスつきやすいナマリ節も、ふうわりとやわらかに煮え上がります。

焼豆腐一丁を六つに切って鍋に入れ、蒸し煮の汁の半分量を入れ、落し蓋をして煮ます。熱がとおると徐々にふくれあがるので、その頂点を見定め、火からおろして十分間、味の浸透を待ち、蒸し鍋のナマリ節と一緒に手早く小鉢に盛り、汁を多目に注ぎます。おろし生姜をたっぷりお汁に混ぜながら、熱と香りと、歯ざわりのリズムを楽しんでください。焼豆腐とナマリ節の量的な相性は、七三が大吉、六に四が中吉です。

カスつきやすいナマリ節から、やわらかな豆腐へ箸が移り、またナマリへと交互に食べたくなる破調的な調和の美味は、先人の体験が生んだ食味の知恵でありましょう。

さらにフキとかワラビなど、別趣の歯ざわりを添えれば、三重奏のリズムが一層高鳴りましょう。

わが宿のおくれ鰹も月夜かな　　一茶

# 煮え加減の不思議

静寂なお茶席の釜の湯がかすかな音を立てはじめると「煮えがついた」といわれ、シューンと響く音色は松風の音にたとえられますが、時代のよいお釜ほど煮え音はさわやかで、心地よい雰囲気をかもしだしてくれます。

台所の煮え音にもいろいろありますが、何かと騒がしいところなので、音色は消されがちです。

ふうーと水面がふくれあがり、鍋底からかわいい煮え玉が立ちのぼり、今まさに沸騰しようとする瞬間が「煮えばな」で、この機を逃がさず、塩をぱらっと振り入れ、点々と醬油をたらし、味見をして、すぐお椀に盛ると同時に、煮えくり返らないように火力を弱めます。

青菜を色良く茹でたいときは、最高の火力でグラグラと沸騰を強くして、短時間でやわらかく茹で上げますが、これとは反対に、水から煮はじめた大根や芋類は、落し蓋をして、コトコトと静かな沸騰を長く続けて煮込みます。

鶏の骨付きのモモ肉の三つ切りを、分厚な深い鍋で、思い切りたくさんの水の中へ沈め、最高の火力でグラグラと物凄い沸騰を続け、半分量まで煮つめると、牛乳色の汁となります。

これがいわゆる水炊きですが、これと同様の方法で煮続けても沸騰がグラグラでなく、クラクラの状態では何時間たっても不思議にお汁は濁りません。

水に漬けておいた丁字麩《ちょうじぶ》を絞り、鶏と同分量を鍋に入れ、約三割量の清酒を注ぎ入れ、醬油だけでお加減してお椀に盛り、おろし生姜をたっぷり落し、ミョウガのみじん切りをたくさん振り入れます。

よく見ゆる旅籠《はたご》の富士や茗荷汁　無量子

鶏卵の味だけは世界中どこへ行っても変らないそうですが、半熟状のときに真の持ち味を発揮します。

醤油だけでお加減するか、または、好みにより少量の砂糖を加える人はあっても、ナタネ玉子がしっとり半熟状に味よく作れたら、料理のカンは満点で、きっと他の料理もお上手な方だと思います。

半熟だと思って火から離しても、すぐ余熱で固まり口ざわりも悪く、真味は半減して〝美味は注意力の集中で生まれるものですよ〟と、いましめるかのような味となります。

十分にといた玉子汁十に対して、二倍以上の二十三の割合の出し汁へ、醤油加減をして混ぜ、フルイでこして、蒸し茶碗へ六分目注ぎ入れます。

素麺《そうめん》一把を三つに切り、熱湯へさばき入れて堅めに茹で、玉子汁の中へ約二割ほど混ぜ入れ、弱火で気長に蒸し上げ、冷えるのを待ってそのまま冷蔵庫でさらに冷やします。

別に、清《すま》し汁よりやや濃い目のお加減にした冷汁《ひやじる》を、冷えた茶碗の中へたっぷり注ぎ入れ、おろし柚子をぱらっと浮かせて手早く差し出します。

鶏卵の味は、清純な乙女心に似て、クセ味を浮き上がらせ異味を嫌いますので、強い化学的な味よりは、カツオ節の削りたてとコンブを使い、しかも、両方の個性の味がにじみ出ないように、心をこめておいしく、控え目な出し汁を作りましょう。

さっぱりと味の軽い、見た目に涼しげな料理は、むしむしする暑い夕に何よりのご馳走となりましょう。

冷汁にうつるや背戸《せど》の竹林　　来山

# しゃれた旨味

日本を取り囲む魚類の群が、どんなに良質美味であっても、清らかな水が得られなかったら、お刺身はとても食べられません。

水はときに災害をもたらし、自然の恐ろしさを教えますが、清らかな水の豊富な日本に生まれた倖せを忘れてはならないでしょう。

暑さが増すと、新鮮な刺身も脂肪分が舌にねばっこく感じられるので、大切な脂肪分を流水で洗い流し、舌ざわりにさっぱりする涼味を求めます。

フッコ、チヌダイ、車海老、コイなどの「洗い」がそれで、日本人の繊細にして鋭敏な味覚が発見した、洒落《しゃれ》っ気の美味とでもいえそうな、盛夏にふさわしい味であります。

食卓の真中へ氷水の大きな平鉢を据え、中へ角切りの木綿豆腐をたくさん沈め、青楓を二、三枚散らした涼味――冷やっこもまた洒落っ気たっぷりな日本ならではの味です。

網杓子で豆腐の一切れを小皿へすくい取り、レモン汁を五パーセント混ぜた濃口醤油を、点々とたらすと、配色の妙が楽しめます。

まず、ネギのミジン切りとおろし生姜を添えて、じっくり味わい、小皿の水気を捨て、改めて一切れにワサビともみ海苔、つぎにおろし柚子と花がつお——という工合に、薬味を変えながら味わえば、鮮度の悪いお刺身よりずっと気持よく、食が進みましょう。

しかしながら、お薬味も醤油も、あくまで脇役であり、——主役の豆腐の持ち味をおおい隠さないよう——適量を考えて添え、淡い味わいの底に秘められた美味を、落ちついて賞味してください。

冷奴水を自慢に出されたり　喜舟

# 食は最上の薬

秦の始皇帝が捜し求めた不老不死の霊薬――それはアワビだったという説があります。東海に浮かぶ蓬莱《ほうらい》の島日本へ、使命をおびて渡来した徐福《じょふく》は、素晴しい風光と山海の珍味に魅《み》せられ、ついに中国へは帰らなかった――という伝説が、和歌山県の熊野路に遺跡として残っております。

アワビは晩秋が産卵期なので、禁漁となる場所が多く、天下の美味を楽しみ味わうのは盛夏にかぎります。

新鮮な青味がかったアワビを手早く小角に切り、氷水の鉢に浮かせておき、生姜をしぼり込んだ二杯酢へ浸していただく水貝は、コリコリと心地よい響きと、かむほどに湧き出るうまさには、「食は命を養う上薬なり」と、しみじみ感じさせられる奥深い滋味を蔵していま す。

人工のつけ味でなく天与の滋味を心の糧《かて》とするためには、よく嚙みしめなければなりませんが、料理法もなるたけ簡単に原始的であるべきで、小細工料理をすればするほど滋味は逃げてしまいます。

水貝に一箸つけし病余かな　羽公

反対に黄色味をおびたアワビは、貝殻の分厚いものを選び、塩をふりかけてコスリ洗い、おろし金の柄を貝と肉との間へ差し入れて放し、キモを取り、側面から二つに横切りして、すぐパラパラと両面へ塩をふりかけ、事前に烈火にかけておいた金網にのせて焼き、表と裏で熱を七〇パーセントまでとおし、中心の三〇パーセントは半生《なま》状のとき、清潔な俎板《まないた》で小口に切り、すぐレモン汁をかけて、香りも熱も味の内——と、フウフウ吹きながら、日本の美味をわがものに——してください。

## 野趣たっぷり

大自然の運行の神秘を、端的に教えてくれる月見の行事が近づきました。月を祭り、月に祈り、月にささげることは、人間の五体の不思議と尊さを思い返す好機でありましょう。

芋名月《いもめいげつ》の名にふさわしく、里芋ははちきれそうに肥えて細やかな味を蔵しています。土を洗い落として皮ごと茹で、細い竹ぐしを突きさし、堅からずやわらかすぎずの頃合を考え、ザルに打ちあけ、塩をうっすらとふります。

指先でつまんで押し出す瞬間、荒々しい茶っぽい皮から、小芋の艶《つや》っぽい白肌が顔を出すところから、衣《きぬ》を覆って面《おもて》をあらわにしなかった平安朝の美女の道ゆく様を連想して、いつの頃からか「衣《きぬ》かつぎ」と、優雅な名をつけられました。

肥え芋の煮割れてありぬ十三夜　喜舟

八十八夜の頃、畦《あぜ》にまいた豆がたわわに実り、ちょうど望月《もちづき》の前後が食べどきなので、茹で豆を月に供えるならわしが生まれ、豆名月《まめめいげつ》とも呼ばれるようになりました。

軸から枝ごともぎ取り、水から茹で、やわらかくなったら塩加減をして、鍋のまま蒸らしておき、冷えたらザルに取り、水気をふりはらいます。

色目にこだわらずに塩湯のまま蒸らしておくと、塩味がしみこんでむっちりと口ざわりのよい野趣たっぷりの美味が生まれます。

いずれも、持ち味は充実しておりますが、持ち味をより引き立てるお役目は塩の働きで、それも一般の方が最高の塩だと思っておられる食卓塩や食塩でなく、「あら塩（粗塩）」と呼ばれる素朴な味の塩をおすすめします。

食通の魯山人《ろさんじん》さんが、味覚的な句を残しておられます。

枝豆やこんなものまで塩加減

# 繊維のききめ

懐石の献立作りは、海川の魚介類に野鳥や鶏肉を添えた動物質と、同じほどの植物性の乾物や、海草や、数多くの野草や野菜を重複しないように配分して、全コースに味の起伏を作ります。

野菜でも、根、軸、葉、実の四つを必ず一品ずつは使う約束があって、こうした質の違った材料を多く組み合わせた献立は、戦後流行の偏食の戒《いまし》めであり、健全な知恵づくりの食物の基礎をなすものだと、長寿の方から伺いました。

実りの秋は、一年待たねば味わえない風味のものが多く、軸の野菜「ずいき」もその一つで、便通に効き目あり、と古書にあります。

鍋の直径に合わせて切り、両端から皮をむき、縦に三つ四つに切り放して酢を落した水から茹で、水にさらして酸味とアクを抜き取り、三センチの長さに切り揃えます。

そのとき、手についたアクの汚れは、不思議にワラを束《たば》ねてこすると、きれいに落ちてしまいます。

中火で白ゴマを煎りはじめ、パチパチと音がしてきたら、一つまみ噛んでみて、日向臭味《ひなたくさみ》がなくなり、香ばしい味になったら、すぐ擂鉢へ移して、脂肪のにじみ出るまで摺り、二分の一量の赤味噌と少量の砂糖と米酢でお加減をして、どろりっとなるまで摺りのばします。

ズイキは布巾に包んで両手で、繊維だけを残すのだ——とする心持ちで強く水気をしぼり、調味汁へズイキをさばき入れます。そして水分のかわりに調味汁を吸い込ませるため、何回も混ぜ合わせます。

色よく茹でた枝豆の薄皮までむき取り、混ぜ合わせて三角錐のようにスッキリと盛り上げてください。

手向けけり芋は蓮《はちす》に似たるとて　　芭蕉

## 無常観の風趣

琵琶湖の氷魚《ひうお》と呼ばれるアユの稚魚は、厳寒の水に育ち、菜種アユといわれる頃までは貪《どん》食《しょく》のせいか、後味に生臭さが残ります。

それが青葉の清流に走る青春期を迎えると、もっぱら岩苔の持つプランクトンを餌にして成長し、スマートな姿をそのままに上品な脂肪を貯え、川魚の女王と呼ぶにふさわしい味を持ちはじめ「よくぞ日本に生まれたり」と思わせるほど、素晴しい美味となり、暑さを楽しませてくれます。

滋味は自然が育てるとはいえ、アユの美味の盛り上がりの早さに、一種いいようのない不思議と恐れをさえ感じます。

八月に入ると腹部にほのかな朱色がさしはじめ、仔をはらみ、涼風とともに産卵のため川をくだり「やがて身を水にまかすや秋の鮎」の几董《きとう》の句のように、年魚としての役目を果しますが、はち切れそうに幾万とも知れぬ子を持ったアユの姿に、生々流転《せいせいるてん》の生きものの実相をかいま見る思いがして、味わいの変化のはげしさに無常観すら覚えます。

子持ちアユを串にさして白焼《しらやき》とし、分厚な鍋にタデの葉を敷きつめるか、土生姜の薄切りを一面にふり敷き、白焼のアユを並べ、清酒に味醂醬油でやや濃味に加減して、ヒタヒタに注ぎ、落し蓋で押えて、中火でコトコト煮込みます。煮汁がほぼ三分の一量に煮つまったら火からおろして、鍋のまま一夜を越させます。

歯ざわりにむっちりと快さを与えてくれる子持ちアユの煮浸しは、しっとりと秋の深まりを教えてくれる風味と申せましょう。

水音も鮎さびけりな山里は　　嵐雪

にぎりずしやおむすびは、お箸より指でつまんで食べる方がおいしく感じます。インドやビルマの人たちが、ライスカレーを指先で混ぜ合わせながら、さも楽しそうに食べている光景には、こちらまで食欲をそそられますが、お箸やスプーンでは到底味わえない喜びを、指先に感じ取るのでありましょう。

京都御所に「つまみ御料」という南北朝の悲劇が生んだ珍しい御飯が伝承されております。はるかに隠岐《おき》の島を望む浜辺にたどり着かれたやんごとなきお方と従者たちが、老漁夫の賤《しず》が家《や》を訪ねて食を求められました。

老翁は早速、炉に鍋をかけてお米を炊きはじめ、軒に吊したカマスの干物を焼いて骨や皮を取り去り、細かくむしり裂きます。

出雲和布《わかめ》を遠火にかざして火取り、両掌でもみつぶし、木鉢へ移した御飯の中へ、二つの品を打ちあけ、木杓子で手早く混ぜ合わせ、両掌の中で固くおむすびに結んで「おもてなしとてもできませぬが……」と差し出しました。

カマスと和布を御飯の二割量混ぜ合わすと相性が良いばかりか、塩加減も上乗で、さぞかし、手づかみでいくつも召しあがり、心入れの味を賞《め》でられたことでしょう。

むすびは「産巣日」と書き、太古につながる深い意味もあり、しめり気と塩気と熱によってかもしだされる不思議な旨味は、両掌でむすぶ人の心が厚ければ厚いほど、味わいは深くなり、おいしくいただけます。

人情の味噛みしめむ夜長かな　　万太郎

# 秋思のかおり

松茸は赤松のヒゲ根に寄生し、東北や北海道ではエゾ松にもできるそうですが、「匂い松茸、味しめじ」といわれるだけに、香りが松茸の生命で、歯ざわりが第二、味はそれに次ぎ、女性的な秋思《しゅうし》の美味とでもいえそうです。

京都周辺の松茸は不思議に香りが高く、肌がやわらかで、それゆえ、松林だけに発生するハエの幼虫が好み、毒はありませんが松茸の奥深く侵入します。

虫食いの空洞の有無は、傘のつけ根を指先でつまみ、弾力があるマツタケは良質で、虫食いは弾力がありません。

傘が半開きになった松茸は香りが高く、開きすぎると不思議に半開きのように香味《こうみ》を内に秘めておりません。

石づきを切り去り、土だけを水で洗い、傘の頂点へ切り目を入れて引き裂き、中火で焼いて、すぐ柚子酢と出し汁醤油で加減しておいた中へ浸して熱をやわらげ、細く裂いて食べます。

または、松茸の持ち味を殺さない控え目な味の、ハモ、車エビ、鶏の笹身などの一、二品を脇役に、松茸と一緒に土瓶に詰めて、吸い物加減の清し汁を注ぎ入れ、火にかけ、沸騰と同時に柚子かスダチの汁を点々と落とし、熱つあつの香味を楽しみます。
　山持ちの通人には、土瓶へ引き裂いた松茸だけを一杯詰め、清酒と醬油少量で煮るのが理想だといわれますが、とにかく松茸の細胞に秘められた香りが、嚙んだ瞬間ぱっと口中に発散するように心すべき料理であります。

平凡な日々のある日のきのこ飯　草城

## 小粋な味わい

イワシを「おむら」とか「おむらさき」と呼んだ御所の女房言葉は、川魚の女王アユにも勝《まさ》る味という意で、藍色《あいいろ》と紫色にかけた隠し言葉だそうです。

クジラやカツオ、その他南方からの魚はイワシを追って日本近海へ来るのですが、闘うに武器のないイワシの哀れさを、魚扁に弱の字を添えて表現しています。

多きがゆえにいやしめられるとはいえ、庶民の食卓を楽しませる貴重な小魚です。


うつくしやいわしの肌の濃さ淡さ　　政二郎

鮮度の良い小イワシが手に入ったら、すぐ頭と尾と内臓を取り去り、土ショウガの薄切りを土鍋の底一面にふり、上にイワシを並べ米酢をヒタヒタに注ぎ、落し蓋をして中火で三十分間煮込み、秋イワシの脂肪過多を半減するため、不経済のようですが、鍋をかたむけ一滴も残さず、全部捨て去ります。

次に、清酒と濃口醬油に、味醂か砂糖で甘味を添えた汁をヒタヒタに注ぎ、落し蓋をして、中火で気長に煮つめます。

お加減は分量数字に頼らず、自分の舌で調節して、煮つまった味との比較をも舌で確かめる習慣が大切で、甘味が際立ってはならず、魚臭を押える醬油味にとけ込んだとき、まろやかな真の調和の旨味が生まれます。

小イワシが新鮮ならば、煮上がりの色艶も良く、酸味も消え、骨はやわらかく、身はしまり、さっぱりした脂肪分が、時雨《しぐれ》煮の名にふさわしい小粋な美味を発揮してくれます。

濃艶の地に狂風のしぐれかな　碧梧桐

## 野の幸・山の幸

野猿《やえん》を里近く招いて観光資源とするところが各県にできて、洛西、嵐山に近い岩田山もその一つです。

長く野猿の集団生活を研究している方に、陰の苦労をいろいろ伺いましたが、とりわけ興味深かったのは、雄のボス猿の統制力と餌の問題でした。

野猿はもっぱら木の実の熟するのを待って食糧としますが、何十匹もの猿を意のままに統御するボス猿の盛んな生活力は、餌となる木の実から生まれ、このことはとりもなおさず、自然味の効果といえましょう。

人工栽培の立派なクリではなく、奥山に実る小粒の山グリを、皮付きのまま太陽に二日あて、皮の一端を切り、全体を黒く焼き、すぐ布巾にのせて皮をむき取ります。

餅米を洗って一晩水につけておき、木製の蒸し器へ移し入れ、約三割量の焼きグリを混ぜ合わせ、強火で蒸しはじめ、一応やわらかくなったら、海水程度の塩水を五分間ごとに、何回も全面にふりかけながら蒸し上げます。

餅米がむっちりと食べよくなると、クリの持ち味がにじみ出て、二つの味わい以上の結ばれあった——とでもいえる旨さが生まれます。

召しあがる直前に、煎りたての黒胡麻を振りかけ、お相手には、柚子をしぼり込んだキクナかホウレンソウの浸しもの——で、クリおこわを、しっかり噛みしめてください。

クリ、クルミ、ギンナンなどの木の実は、強精力を内に秘めていることは確かでありましょう。

どやどやと風の朝《あした》の栗拾ひ　紅葉

# 三重奏の汁

瀬戸内海の活け魚《いお》が毎日、航空便で羽田に着き、大衆魚は冷凍の列車で東北や九州から送られてくるありがたいご時世になりましたが、反面、漁場で新鮮な魚に塩をふり、美味と防腐を兼ねた浜塩のサバやアジの旨さも、濃塩のアラ巻きザケの美味も昔語りになりました。

産卵期の夏サバの脂肪五パーセントにくらべて、秋サバは一五パーセントもの脂肪を持ち、眼が乳白色にうるむほどですが、「サバの生き腐れ」の諺《ことわざ》のように、鮮度が早く落ちるので、昔は計算を余分にしたらしく「サバ読み」の俗語を残しました。

塩の上に三枚にあげた生サバをのせて、塩を両面にべったりつけてから打ちふり、ザルに並べて軽い押しを半日かけると、よくしたもので滲み込んだ以外の塩は表面に残り、身が引き締まっておいしくなります。

尾部四分の一を切り残して米酢に十五分間浸してから、皮を斜めに引きはがし、中毒性の強い血合《ちあい》は小骨と一緒に切り取ります。

皮肌へかくし庖丁を二つ入れて、一センチに切り揃え、それまでに細切りコンブを二杯酢に五分間浸しておき、菊の花弁も手早く茹でておきます。

サバ七に対して、一のコンブ、二の菊花の割合で、二杯酢に混ぜ合わせ、つんもりと盛り上げます。

残りの骨にも薄塩をしておき、四分の一の残り身と一緒に食べよく切ります。大根を分厚く短冊に切って、やわらかく茹でたのを同量、たっぷりの水に沈め、コンブ一切れを加えて煮はじめ、煮え上がったらコンブを引き上げ、醤油を添え味にしてお加減します。

塩サバの「剛」と、大根の「柔」へ、胡椒を振り入れた三重奏の美味は、商都大阪の考え出した、おかずの船場汁《せんばじる》として有名であります。

# 野菜のいのち

海底に棲む魚介類は、地震や台風を予知して安全な場所へ移動すると聞きますが、大根もその年の寒暖を予知して、寒い年は深く根をおろすそうで、人智も及ばぬ生命力の不思議に驚き、心して味わうべきだと思いました。

九〇パーセントが水分だという大根だけに、すんなりと姿正しく、どっしりと持ちおもりのするものは、中心に「す」(「障子」)が少なく、根元から瑞々《みずみず》しい葉が繁っていて、葉を折り取った形跡のない大根は、新鮮良質の証拠です。

養分の豊かな葉を捨てないで、油炒めの佃煮《つくだに》や糠味噌漬、陰干しにしておみおつけの身や煮ふくめなどに用いましょう。

毎日、大根おろしを食べるので、胃腸には自信があるという長寿の方も多く、鮮度の良い大根おろしには、消化吸収を助ける養分が多いようです。

聞香《もんこう》は平安朝にはじまり、室町期に大成した香木の香りを嗅《か》ぎ分ける遊戯ですが、嗅覚《きゅうかく》のおとろえを塩漬大根を噛むことによって、正常にもどしたとの故事から、後世漬け物を香の物と呼ぶようになったと伝えられます。

煮大根は、濃味な獣肉とは相性が悪く、揚げ豆腐や雁もどき、クコやイカなどとよく合い、じっくり煮込んだおでんの旨さはご承知の通りですが、二センチ強の分厚い輪切り大根を、昆布を敷いた鍋に並べ、ヒタヒタの水で煮はじめ、醬油だけの淡味でやわらかく煮て一夜を越させ、翌日もう一度グツグツ煮ながら、とき辛子を添えて、味三昧《あじざんまい》の境に遊んでください。

煮《に》大根《だいこ》や烏賊《いか》の諸《もろ》足そり返り　東洋城

# 焼き味・焦げ味

日本人の味覚は、他国人に比較して数等すぐれた鋭敏な感覚を持ち、繊細微妙な物の味を味わい分ける能力を備えています。それは四季の寒暖に従って味覚の感度が異なり、おのずから好みも移行するからでありましょう。

暑い頃にはさっぱりした塩焼を好み、寒さが加わるにつれて、付焼や、幽庵焼《ゆうあんやき》、くわ焼、味噌漬などと、濃味を求めます。

焼くことは魚介の生食に次ぐ、最も原始的な料理法で、基本は太古とあまり変りはなく、ただ作る人の心意気が焦げ味となり、焦げの香りとなって、美味を生み出す料理であります。

イカの薄皮を引きめくって三センチ角ぐらいに切り、細かくタテヨコに庖丁目を入れ、裏面にも斜めに鹿の子《かこ》目を入れて、濃口醬油五、清酒三、味醂二を合わせた中へ、十五分間漬け込みます。

イカの鮮度、肉質、厚さによって、調味も時間も加減して、ザルに移します。

鉄鍋にサラダオイルをたっぷり落し、熱くなったところへ、イカを並べて焼くのですが、六〇パーセントぐらい熱がとおり、焦げ色もよし——となるまで動かさないで、くるりと裏に返し、裏面は色目にこだわらず、中心部が半焼け程度のときに引き上げて粉山椒をふり、すぐ熱つあつを賞味しなければ味は半減します。

残り汁は捨てないで、卯の花（おから）やヒジキを煮るなり、デンブや佃煮に使い切ってください。

くわ焼は、湯豆腐や寄せ鍋と同様で、熱と香りが生命の美味であります。

寄《よせ》鍋《なべ》やたそがれ頃の雪もよひ　　久女

大地の恵み

京の名産、堀川牛蒡《ごぼう》は二年あまりもやわらかい土壌で育てられる、直径十センチほどの太いゴボウで、味は上乗ですが、真中に三センチもの空洞があり、ゴボウの美味は皮肌にありますよ、と教えているような姿です。

ところが悲しいかな大都会では、ゴボウは皮を全部はぎ取られ、漂白剤に一晩つけられ、世にも哀れな姿を店頭にさらしています。

天与の香りも、土壌の味わいも捨て去り、繊維だけとなった青白いゴボウが、自然の恵みを忘れた文化生活の実態をのぞかせているようです。

元禄時代の上っ調子な食生活を、快からず思っていた護持院の和尚《おしょう》隆光が、将軍綱吉の招きで登城した折、「寒夜ゆえ、望みの食をとらせる……」とのすすめに、「霜月にはたぬき汁にかぎりますので……」と言上しました。

作り方を知らない御膳衆《ごぜんしゅう》が秘かに和尚に教えをうけたところ、「茹でて叩いてつみ取り、汁にすればよろしい」との答えに「せっかくながら殺生禁断の城中なれば、その儀ばかりは……」と、辞退したとの笑話が残っています。

たぬき汁はコンニャクを茹で、菜切り庖丁の側面で叩き、指で小さくむしり取り、鉄鍋に油を落して煎りつけ、皮付きゴボウの笹がきと、干しシイタケの水もどしの細切りとを、順を追って炒め、コンブの出し汁を多目に注いで煮はじめ、茶っぽい赤味噌で加減します。

歯ざわりがタヌキの肉に似たコンニャクゆえの僧房料理で、お椀に熱つあつを盛りアサツキのこまごまと粉山椒を振り入れると、ゴボウやシイタケなどの香味も一緒になって、コーラスにも似た渾然《こんぜん》たる美味を作ります。

狸汁かたむきかゝる自在かな　　平凡

# 食指をそそる

## 雑《ぞう》炊《すい》の椀のぬくみのなつかしく　喜太郎

句のように、大振りのお椀のやわらかな口ざわりで、さらさらとすすり込む雑炊は格別で、陶磁器では味わえない脇役の大切さを教えられるおいしさです。

お椀は、手に受けたぬくもりが食欲をそそり、フタを取った瞬間に立ちのぼる湯気と香りに食指が動き、しかも口唇に密着させて味わう――といった日本独得の食器であり、世界に誇り得る理想の食器でもあります。

肌に肌、口には口といわれますが、それに続くのが漆《うるし》の肌の口ざわりで、陶器の口あたりはその次に位します。

それは、ぽたっとあたる口作りの材質の厚さと、曲線の良し悪しが問題で、なめらかな吸い心地と、吸い終ろうとする離れ具合の二つに、ものの味わいを左右する何かが秘められているからであります。

冷や御飯を水の中で両手でこすり洗って粘り気を取り、ザルにあげておき、約三倍量のコンブだしの煮立ったところへ打ちあけ、強火で煮続けます。御飯がふっくりとふくれてきたら、塩と淡口で淡味《うすあじ》加減に仕立て、殻から取り出したカニを細かくほぐし、全体の二割弱を混ぜ入れ、少し煮てから、お椀によそい入れ、みじん切りのアサツキと、おろし生姜を多目に落して蓋をします。

スッポン、ウズラ、カキ、ナメコ、モズクなどの雑炊も、くれぐれも煮すぎないで汁気を多く、さらさらと箸音たかく、ふうふう吹きながらお召しあがりください。

雑炊のまこと熱くてありがたき　千々二

（昭和四十二年「朝日新聞」連載）

# 料理のおしえ

# 祖国の食

西洋の料理は鼻で、中国の料理は舌で、そして日本の料理は目で食べるとよくいわれます。

そう言われてみれば、西洋の料理には香辛料《こうしんりょう》や香草《においぐさ》がふんだんに使われるようですし、中国の料理は見てくれの体裁より、味わっての楽しさが多いようです。

そして日本の料理は材料のもつ繊細な質感と色彩が、器《うつわ》の美しさと調和して箸をとる以前から食感情を動かす――といった特色があり、世界の料理と肩をならべて遜色《そんしょく》のないものだといえましょう。

日本人は、もっともっと祖国の料理を自慢してよいのだと思います。

しかし、ものごとはなんでもがそうでありますように、一歩をあやまると、とんでもないことになりかねません。

料理もその例で、眼で食べる特色も、近頃では、ちょっと、ゆきすぎているのではないかと思える節があります。

それも料理を専業とする人が、腕によりをかけて出品する料理展示会や、新聞雑誌の料理などに顕著に表われているように思えます。

小手先の器用さが作りだす、ことさらな細工《さいく》料理、趣向や縁起《えんぎ》につきすぎた過剰ないろどりなど、日本の料理が自慢にしてよい性質の限度を越えて、一歩も二歩もあやまってしまっている状態だといえましょう。

私は日頃、懐石を業とし、少年の日から、父にならって庖丁をとり、今日に至っておりますが、いかにして材料の持ち味を引きだし、美味《おい》しく、麗《うる》わしく、気持よく召しあがっていただくことができるかと、日夜心をくだいてまいっております。

懐石と申しますのは、すでにご承知のとおり茶席の食事として、茶の湯とともに発達してまいった料理であり、日本唯一の食事礼法であります。茶の湯の道が日常坐臥《ざが》の洗練をこころがけるものでありますように、懐石もまた、日常の食事の基本ともいうべきものだと私は信じます。

ところが、茶の湯といえば、日常の生活とは遊離した趣味的なものだとみる方もあり、懐石といえば、何かとりすました高級料理のように間違って理解される方も多いようでありま す。懐石は本来、茶人のお手料理であったのでありまして、私どものような専業の者がうまれたのは明治中期からであります。お素人《しろうと》の茶人が心をこめて作り、心をこめて客をもてなすのが懐石で、勿論、材料はしゅんのものを使い、小細工料理をしないで、持ち味を引きたてる素直な調理をいたすのが約束であります。したがって高価な材料、珍しい普通では手に入りにくい材料を尊しとせず、手近にある良質の材料を吟味して活用することが、懐石の特色になっております。この懐石の特色に最も似通った料理を他に求めますなら、それは家庭のお惣菜《そうざい》料理であろうと思います。

料理には素人である主婦が、心をこめて作り、心をこめて家族をもてなすところが共通ですし、材料の吟味も、それが珍しいとか高価なものをという標準ではなく、出盛りのもの、手近なもの、新鮮なもの、という点でも似通っており、さらに小細工をせず、持ち味を引きたてる素直な調理をする――ということで、懐石と家庭料理とは、全く同じ立場であるということができます。

お惣菜と同じ立場でありますのに、懐石がさまざまの料理の中で特においしいと評判される理由は、一体どこにあるのでしょう。それは、材料の買入れから調理にいたるまで、おいしく、気持よく食べていただくという、お客へのもてなしに真剣にとりくみ、山葵《わさび》のおろし方や辛子のとき方にまでも細やかな心をくばり、茶事にこもる注意の結集ともいうべき誠意が、料理の隅々に行きわたって、美味を形づくるからであります。このことから、私は家庭のご婦人方の自覚で、家庭の料理が現在より、もっともっと美味しくなり得るのだということを確信し、折にふれてこのことは文章にしてまいりました。東京に店を持ちましてから皆さまのおすすめで、拙《つたな》い書物を書かせていただくような機会にも恵まれた私は、特に家庭のご婦人に、家族の生命を維持する食事の大切さを、懐石を業としながら得た体験を通して、訴えてみたいと存じたわけであります。浅学の身にあまる抱負で、遅まきながら先哲の書もひもどき、勉強したいと、いろいろ研究いたしましたところ、およそ料理に関しては、献立と末端の技巧についての書は、おびただしく刊行されておりますが、心のよりどころとなるような書物は、実に皆無でありました。

# 道元さま

京都で生まれた私は、昔から仕事につかれた憩いを、静かなお寺に求めることが多く、戦地から復員帰還して十日目に宇治の興聖寺《こうしょうじ》を訪れようと、宇治橋の左岸を四町ほど歩いて、小作りな門をくぐり、だらだら坂を一町半ほど登ってゆきました。

清寂《せいじゃく》の浄土にたたずんで、小ぢんまりとした堂宇のたたずまいに見惚《みと》れている短い時間が、ほんとうに心まで洗われる思いで――戦地のあわただしさが夢のようでありました。

いま登ってきた堂前への坂道をふりかえると、一文字道のはるかかなたに山門を額縁にして、往還沿いの宇治川の清流だけが、一幅の絵のようでありました。

人っ子一人いない境内で、この年経《ふ》りた堂宇に対していると、何かこのお寺の由来が知りたくなり、庫裡《くり》に廻って案内を乞いました。二度、三度と大声をはりあげると、ようやくにして老僧が式台に現われ、庭に面した部屋に通していただきました。

禅と料理――あれこれと二時間ほども語りつづけていただきましたろうか、辞去する私の手には、老僧がぜひ一読せよと貸してくださった「典座《てんぞ》教訓《きょうくん》」一冊が、意外なほどの重みを感じさせておりました。

仏縁というか、幸運というか、ふとゆきずりに道元さまの縁《ゆか》りの興聖寺を訪ねたおかげで、偉大な禅師の教訓を読ませていただく機縁を得ました。一行一句が、庖丁を手にする私の骨身にこたえる教えでありました。

また僭越不遜《せんえつふそん》ない い方がゆるされるなら、私が、貧しい体験からこうだと確信することを、ちゃんと道元さまは知っておられて、お前の考える通りだよ——とおっしゃってくださるかのようでした。

私は料理する者の誇りを、道元さまの裏づけで、いよいよ深くすることができました。そうして料理する者の責務の重さを、道元さまの教えで、いよいよ強く感じるとともに、いよいよおそれるようにもなりました。

# 天与の賜物

戦争中の物の乏しいときには、一本の葱も大切にし、一本の枯枝の小さな木片も丹念にひろいあつめて、薪《まき》がわりにしたことがありました。

拝み倒して譲りうけた茄子の苗で、一坪の庭の一隅を利用して、茄子の真の味を嚙みしめたこともありました。

豆腐屋の店先に、配給大豆一升に付二十丁加工仕り候という貼紙《はりがみ》が出ているので、急いで家に戻り、袋ごと大豆を持ってゆき、しみじみと豆腐の滋味に堪能したものでした。

玉蜀黍《とうもろこし》を朝粥に入れて炊き、案外なほどの甘味に親子ともども舌鼓をうち、自然の恵みに感じ入ったという涙話も聞きました。

かりたてられ、まきこまれた、いまわしい戦いではありましたが、乏しきに耐える体験は、いろいろとものの尊さや自然の深さを知らせてくれました。

戦時を礼讃するのではありませんが、異常な環境は、ものの大切さを教え、それを素直にうけ入れることのできる人たちに、乏しきがゆえに大きな幸福感をもたらしてくれました。

有史以来の大きな犠牲で得た天与の賜物《たまもの》のありがたさを、すでに忘れている方が多いようです。

戦争は一見して、精神力が物質力の前に降ったという印象で終結しました。戦後のいまわしい時代もこの印象を反映してつくられた時代とも言えそうで、アメリカナイズされた生活こそが、最高かのように急速に思われはじめました。

女性の社会の地位が高まり、家事にわずらわされる時間の短縮が、生活の合理化だと叫ばれ、その便利さは驚くばかりであり、消費者用に商品は山積されております。

戦争に負けてかえって日本が素晴しくなったという声があるほど復興して、言論の自由とか人権の尊重など、敗戦でできた新憲法は数々の良い面をもたらしていますが、しかし、かねて持っていたもっとも良いものを、私たちは奪われたのではなく、自分から放棄したのではないでしょうか。

これもあれもが、物質力に精神力が負けたと思い込んだためだと思います。

# 炊事のこと

毎朝の味噌汁を作るのに、粒味噌を擂鉢《すりばち》で摺って、味噌漉《こ》しで漉しておられる家庭が少なくなり、能率的だからと言って摺った味噌を買い求める方が多くなり、より能率をよくするには、トーストとミルクがよいといって味噌汁を召しあがらない家庭もあるそうです。

社会主義的な社会では、調理・食事は社会化されて、各家庭では食事準備をしないのが理想なのだと伺ったことがありますが、ここまでくれば能率という面では頂点の理想境でありましょう。

そんな極端な話でなくても、冷凍になったハンバーグやローストチキンは、家庭の主婦を炊事から解放して、もっと有効なことに使える余暇をつくりだしてくれましょう。

〝もっと有効なこと〟に使う時間を生みだすために、真っ先に槍玉にあげられたのが、その方たちが非合理的だと考えられる炊事なのであります。

合理化によって生みだされた時間の使われる有効さと、炊事というものとを秤《はかり》にかけてみたいと思います。

生活をエンジョイするのだとおっしゃるでしょうが、それは、あげて娯楽方面に投入され、消費なさるのが現状のようではないでしょうか。

青春は再び巡《めぐ》り来たらず、とかや、生活のエンジョイ結構でありますが、享楽のためにだけでなく、もっと有効な面があればともかく、炊事をないがしろにするとは、比重の差の甚《はなは》だしいものでありましょう。

いのであります。

炊事は、決して瑣末《さまつ》な労力の集積でもなければ、享楽より低い価値しかもたぬものではな

道元さまは、その教えのなかで、もし歓楽を、ほしいままにできる天上に生まれたら、炊事をしようと思ってもできまい。炊事をしなければ、愛する夫や子供たちに食事をさせることができないではないか。幸い私たちは、天上人でなく、人間だからこそ炊事をすることができるのだ、とおっしゃっております。

さらにつづけて、もし餓鬼《がき》道に落ちて、人の残飯をあさるようなら、勿論、炊事することもできない。仮に我が児の手にある食物をも奪って食らうことだろうとおっしゃって、炊事のできることの喜びを、ことさら強く教えておられます。

家族の血となり肉となり、生命となるものの源を、女中まかせにしておくことは、本当の幸福とは縁遠いのではないでしょうか。

下宿住いやアパート生活で自炊お断りの条件つきの部屋に住み、やむなく三度三度を外食するご夫婦も、若いときはそれで我慢もできましょうが、本当の夫婦の情愛がそうした生活

から完全に育ってゆくのは、むつかしいのではないでしょうか。赤ん坊でも生まれたら、もう外食生活ではやってゆけなくなるでしょう。

愛する者の生命を司《つかさど》る炊事ほど、尊くて重大な仕事は他に見あたらないほどでありましょう。今日只今の私たちの営みの源ともいうべき先祖をまつり、次代を担《にな》う子孫を養う炊事、これにまさる重要なことが、またとありましょうか。

道元さまは炊事の重要さを強調して、「典《てん》座《ぞ》教訓《きょうくん》」を書き残されたのであります。

道元さまは、仏・法・僧を供養すると申されていますが、私はそれを、先祖、それと自分、子供たちと置きかえて理解しました。

可レ想、我若生二天上一、著レ楽無レ間不レ可二発心一、修行未レ便。何況可レ作二三宝供養之食一耶。（想《おも》うべし、我れ若《も》し天上に生《しょう》せば、楽《らく》に著《じゃく》して間《ひま》なく、発心《ほっしん》すべからず、修行未だ便ならざらん。何《いか》に況《いわ》んや、三宝供養《さんぼうくよう》の食《じき》を作るべけんや。）

想ってもみよ、自分がもし天上界に生まれたならば、楽しみに心をうばわれて、発心することもできず、また、修行するにも都合が悪い。まして、三宝に供養する食事を自ら作ることなどあろうはずがないではないか。

（中略）

今吾幸生二人間一、而作二此三宝受用之食一、豈非二大因縁一耶。（今吾れ幸に人間に生まれて、此の三宝受用の食を作ること、豈《あに》大因縁に非ざらんや。）

今、自分は幸せにも人間界に生まれ、この三宝が受用される食事を作るとは、なんとありがたい大因縁ではないだろうか。

（中略）

又可レ想、我若生二地獄餓鬼畜生修羅等之趣一、又生二自余之八難処一、雖レ有レ求二僧力之覆身一、手自不レ可レ作二供養三宝之浄食一。（又想うべし、我れ若し地獄・餓鬼・畜生・修羅等の趣《しゅ》に生まれ、又自余《じよ》の八難処《はちなんじょ》に生まれなば、僧力《そうりき》の覆身《ふくしん》を求むることありと雖《いえど》も、手《て》ずから自《みずか》ら供養三宝の浄食《じょうじき》を作《な》すべからず。）

また、想ってもみるがいい。もし、自分が地獄や餓鬼や畜生や修羅などという悪道に生まれたり、また、そのほかの仏法を修行することのできないところに生まれたとしたら、どうであろうか。いくら僧であることの威神力で身を守ってもらおうと願っても、また、親しく自ら手を下して三宝に供養する清浄な食事を作ることなど、とてものぞめないだろう。

（中略）

今生既作レ之、可レ悦之生也。可レ悦之身也。曠大劫之良縁也、不レ可レ朽之功徳也。願以二万生千生一、而摂二一日一時一、可レ弁レ之可レ作レ之。為四能使三千万生之身、結二於良縁一也。如レ此観達之心、乃喜心也。（今生既に之を作る、悦ぶべきの生なり、悦ぶべきの身なり。曠大劫《こうだいごう》の良縁なり、朽《く》つべからざるの功徳なり。願わくは万生千生《ばんしょうせんしょう》を以て、一日一時に摂《せっ》し、之を弁ずべく之を作《な》すべし。能く千万生《せんばんしょう》の身をして良縁を結ばしめんが為なり。此《かく》の如き観達の心、乃ち喜心なり。）

今、幸いに人間界に生まれて、三宝に供養する浄食を作ることは、悦《よろこ》ぶべき一生であり、悦ぶべき身である。永遠に尽きない良縁であり、朽ちることのあり得ない功徳である。願わくは、いくたびも生まれかわり死にかわって、千生も万生も続く生を、この一日一時にこめて、この食《じき》を調理し、この食を作るべきである。千生万生の身をして、仏法の良縁を結ばせたいためである。このように見ぬく心こそ、すなわち喜心である。

# 料理と政治

かつて私は、文化放送のご依頼で、当時日本社会党の右派の立役者であった西尾末広先生と、三十分間の対談をする機会にめぐまれました。

夕方の日曜談話というのでしたから、自然と肩のこらない食べものの話が中心になりました。

——料理とは、一体、どんなものですか。

と質問なさるので、

——料理と申しますのは、読んで字の如く、料《はか》って理《おさ》めるものでありまして、要は政治と根本では共通なものではないでしょうか。

とお答えすると、先生はきわめて興味をもたれたようでありました。

激しい政治活動に奔走される先生の健康は、奥さまのつくられる毎日の食事によって維持されるのですから、間接には、奥さまの料理するはたらきが政治をうごかしているわけでございましょう——と重ねて申しあげると、なるほどと頷《うなず》かれるようでありました。

西本願寺の法主《ほっす》であられ、大通《だいつう》であられた大谷光瑞《おおたにこうずい》師には、しばしばご贔屓《ひいき》をいただいていた父について参り、まだ少年でしたが、親しくお話を承った有難い思い出が数多く記憶に残っておるのであります。

後年、その師のご著書『食』を拝誦させていただきますと、その一節に、

「支那の古史に宰《さい》の字あり、宰とは庖厨《ほうちゅう》の技なり。国政を執るものを宰相と云い、冢宰《ちょうさい》と云い、政を乗《と》るを料理すと云い、皆その語源を庖厨に発せるなり」

とありまして、西尾先生との対談に、この一節がふと思い出されたのでありました。

# 庖厨の技

人間だけが火を使うことの出来る唯一の生物であり、火を使うことが、人間を他の生物から大きく差をつけさせ、今日の文明につながったのだといわれておりますが、大昔は、人の中でも火を使うことの出来る人と、そうでない人がいたのでありましょう。そして、火を上手に使う人は、賢い人として尊敬されたものと思われます。

料理は、この火を上手に使うことの出来る人の技術として、技術の上位にあったことでありましょう。

「今日庖厨《ほうちゅう》の技を軽んじ、厨人を侮《あなど》るが如きは、古人の夢想せざりし処にして、又以て、雑食調味の進歩は、容易に何人を以てするも、之《これ》を行い得るに至らしめしなり。故に菜肉と国政との間隔は、天壌の如く、菜肉賤《いや》しく、国政貴く、宰は庖厨を出でて遂に廟堂に昇れり」と、師は慨嘆しておられます。

さきに、私は、近時のいわゆる家庭生活の合理化の方向が、炊事を賤しい労力、いむべき瑣事として、これを短縮することに急なことに触れて、道元さまのお教えの一端を書きしるしました。

しかし、「典座教訓」を何遍もくりかえして拝誦しますと、道元さまご自身すらも、その若き日には炊事をそれほど大切なものとは考えず、むしろ賤しい仕事と考えられ、それを老僧にたしなめられながら、なお且《か》つ、炊事の尊さを悟りきれなかったというようないきさつが、ことこまかに記されております。

# 椎茸船

道元さまが、はじめて中国に渡って、慶元府の港に碇泊中に、阿育王山《あいくおうざん》で典座《てんぞ》を務める和尚に逢った挿話は、その代表的なものでありましょう。

阿育王山の典座は老年の身もいとわず、日本の船が港についたと聞いて、一山の何百人かの坊さんに食べさせるために干椎茸《ほししいたけ》を買いに六里の道を遠しとせずにやってくるのでした。この老僧をつかまえた、若き日の道元さまは、中国の事情も聞きたくて、是非一泊してくれと頼むのですが、典座は、いやいや食事の支度があるから帰らねばならぬという。炊事などは、あなたのような老年の方がやらなくてもよいではないか——と、たって引き留めると、

「外国の好人、未だ弁道を了得せず。未だ文字の何たるかを知得せず」

と笑いながら立ち去ろうとするので、大いに慚《は》じて、「文字とは一体何ですか、弁道とは一体何ですか」と問いかけます。典座の和尚は「いずれその問題はゆっくり話し合いましょう。阿育王山へも是非いらっしゃい」といって、干椎茸を買って帰ってしまいます。

また、こんな挿話もあります。

天童山の景徳寺に修行していたときのある日、ふっと廻廊から仏殿のお庭をみると、炎天下に笠もかぶらず、せっせと海苔を干している老僧があります。

この炎天下に、こんな老齢の方が、こんなくだらぬ仕事を――と思われた道元さまは、「何故、もっと若い僧にやらせないのですか……」と問いかけます。

老僧の答は「他は我に非ず」というのです。道元さまは、この一言に、ぐっとつまってしまわれたのであります。

日本に帰ってこられて、禅林をひらかれた道元さまはまず最初に、「典座教訓」をお書きになったのでありますが、この二つの体験がその動機になったわけであります。

坐禅だけが修行の道ではない――ということが、道元さまの中国での大きな収穫の一つであったわけでありましょう。

# 術と道

目的のために手段を選ばず……ということを、よく聞きます。目的さえ立派で大義名分が立っていれば、そこに至る道程で、少々の道理にはずれていてもよいではないかという……一種の遁辞《とんじ》でありましょう。

ついせんだっても、私たちは平和のための戦争という、奇妙な論理に踊らされました。ところが禅では、手段と目的とを、別々に分けることを否定します。手段――つまり行いが、そのまま目的であるという考えに立って、一切の行いが、そのまま仏の道、悟りの道であるとみるのではないでしょうか。

術と道ということばがあります。

同じ剣を使うにも、剣術は邪《よこしま》なものを破るための、巧みな剣さばきというようなもので、敵をたおすため……という目的の手段として考えられる剣でありましょう。

剣道の剣は、自らも生き、他をも生かすこと、それ自体が目的ともいえるものであろうと思えるのであります。

茶道といい、書道といい、茶に、書に没頭して、そこに自らも生き、他も生かそうとするものでありますが、決してお手前を人によく見せたい……上手な字を書いて人に見せたい……などという邪心があってはならないものであります。

勿論、下手な字でよいのでもなく、ぬるくて、粒々だらけのお茶でよいというのではありませんが、道は術の上位にあってこそ、はじめて道といえるのではないでしょうか。

# 名人名手

ご家庭でお惣菜をつくられる奥さまも、料理の名手、上手といわれる専門家も、同じ道に立っておられるのであります。

専門に料理を業とする人は、その初歩の段階では術の習得にどうしても余計な時間をさかなければなりません。その上、術の一応の修了で、一人前だと呼ばれるようになります。その程度の段階で進歩のとまった専門家は、たしかに一人前の専門家ではありますが、料理を他の目的のための手段につかうことに、なんの疑いも持たないのが普通であります。それは利潤を追求するために生じるいろいろな邪心的な料理法。曰く、見せかけの細工、見せかけの調味など。

こうした次元を越えて、料理そのものに自己を生かそうとする人――つまり料理を道とすることを発見した専門家にして、はじめて名人上手とよばれるに値するのであります。

考えてみますと、こうした普通の専門家の修業の方法と、主婦の料理に対する心がまえとは、雲泥の差があるのです。

主婦のそれは、最初から何かをしようというような邪心があるわけがありません。愛する家族と、自分とがそれによって生きるという道に立っているからであります。

主婦は名人名手といわれる専門家と、ほぼ同じ水準に立つことの出来る、まことに有利な条件にめぐまれているわけであります。

# 秘伝とは

この頃、よく料理の秘伝を教えてほしいと、いろいろな方からいわれますが、私は料理の秘伝は、料理すること、それ自体を目的とすることだと、お答えしているのであります。

ただ真剣に料理に取り組んでみることにきまっています。そうすれば、庖丁の先端にも、お猪口《ちょこ》にも、全神経が集中できることです。熱中していると自分を忘れ、お加減をみる材料の声が聞こえるようで、自然にさからった調理はできなくなります。この全神経の傾倒というのが大切な眼目なのでありまして、投げやりな、惰性的な料理法からは、決しておいしいものは生まれないのであります。

道元さまが、「きずな（タスキ）を道心とせよ」と書き残された意義もここにあると存じます。修行者たちにとって一切が仏であり、悟りであるという立場から、炊事もまた、それ自体が仏であり、悟りであることを教え訓《さと》されようとなさったのでありましょう。

（昭和三十八年「大法輪」連載）

# 滋味雑記

# 一期一会

茶道を習うということは、日本という風光明媚《ふうこうめいび》な島国に生まれ、生活している幸福を知らず知らずのうちに体得でき、四季折々の寒暖に調和する調度をはじめ、すべての生活の美学を習得できることだと思います。

ともすれば、現代人が忘れがちな季節の喜びを知り、四季の旬《しゅん》の美味が家庭のお惣菜に盛り込まれ、住居《すまい》環境の色調にも、着る物の好みにも生かされているのだと思います。

戦後失われていた和装の美しさがよみがえった原因も、茶道の和敬清寂《わけいせいじゃく》の心によるところが大きいようで、修養の道場である茶席構造に調和する和装の美が、日本人の体格にふさわしいことも、自然に学べるようです。

木と竹、土と紙によって構成されている茶席へ、客を迎え、またその客となることが一期《いちご》一会《いちえ》だといわれる茶事は、お互いの健康のただ今のしあわせを喜び合い、亭主の心づくしの道具の取り合わせを鑑賞し、清寂の雰囲気を楽しみながら、一碗の濃茶《こいちゃ》をおいしくいただくのが、究極の目的のように思えます。

戦乱の多忙をさいて、武将が茶道に親しみ、茶事に招き招かれた天正のころと現代とは、武器武具をつけないまでも、心の多忙さには似たところがあります。「忙」の字は、心を亡《うしな》うというぐらいで、反省の場として茶席の清寂が必要だったのでありましょう。

（昭和四十五年「日本経済新聞」）

濃茶は、空腹にのむと気分が悪くなることもあったりするぐらいで、軽い食事をすませた食後にいただくのが理想であります。それが茶事の順序となっております。

その軽い食事が懐石であり、茶事の一部分でもあります。昔、禅宗の修行僧が一時でも空腹を忘れようとして、石を温め布に包み、懐炉《かいろ》の代用とした——との故事から生まれた言葉であると聞きます。

無縁の人たちの想像されるような、豪華多彩な料理ではなく、天正の昔から、家庭人の手作りになる料理が本筋であり、「足るを知る」との禅語に通じる分量の料理が、本来の懐石であります。

ただし、大根や山葵《わさび》一つをおろすにしても、細かく、なめらかに心地よい口ざわりにと、食べる人に対してよりおいしくと心をこめて作るものであり、そのための約束がいくつか定められております。

一汁三菜に、箸洗いと八寸という簡素な献立には、まず動物性と植物性の材料を等分に用い、海と川、山と里の季節の旬の滋味をあまねく集め、片寄らない配分が理想で、野菜にしても、根と軸、葉と実の四つは一品なりとも、必ず用います。

材料は新鮮で良質なものを選び、季節はずれや人工的な温室ものは使わず、もちろん、缶詰やびん詰も使わず、季節を一年待った喜びの美味ばかりを求めます。

（昭和四十五年「日本経済新聞」）

## 素材の持ち味

調理にあたっては個々の素材の持ち味を尊び、細工料理をしたり、調味過剰によって持ち味を逃がさないこと。アユや小魚以外は骨つきを用いず、飾り気なく食べよい形に切り、その切れ味の色艶《いろつや》までも大切に考えます。堅からずやわらかすぎずの煮加減と、その煮上がった頂点の熱とかおりを、すぐに盛りつけ、香味料を添えて差し出します。

食器は、季節の寒暖に調和するものを選び、材質、形姿、色調の重複しないものを用い、備前《びぜん》、信楽《しがらき》、伊賀《いが》などの陶器はあらかじめ事前に水につけておき、その他の陶滋器も盛りつけ直前に水をくぐらせ、いずれも水分をふきとって盛りつけます。熱い料理の器は前もって温湯であたためておき、料理の温度を保つように心がけます。

盛りつけは、茶道の侘《わ》び寂《さ》びの心を重んじ、簡素に安定感のある自然の姿にすっきりとしかも食べやすく、取りよく盛りつけ、寸刻を争って持ち出すことが大切です。

配膳から最後まで、すべて亭主自らがつとめ、お酒好きにも下戸《げこ》の方にもゆっくり召しあがれるように心をくばり、一品を持ち出せば、召しあがった器を持ち帰る約束を守り、必要以上の談話をさけ、もっぱらお客本位のもてなしに終始するという順序の合理性が、わが国唯一の食事礼法といわれるゆえんであります。

日本人は清潔好きで、西洋人のように体臭が強烈ではなく、気候の変化による風物の美につちかわれた感受性が、すべてにわたる繊細な美をも逃がさぬ美意識に発達した民族であります。

したがって、味覚も鋭く真の美味をより楽しくと、四季にふさわしい多種多様の食器をつくりましたが、この一例からも、いかに古人は食を楽しみ愛したかがわかり、世界に比類なき食文化を誇り得るまでにいたったのです。

戦後、調味本位の大陸料理に圧倒されたかに見えた食生活が、最近の経済安定によって日本人本来の味覚にもどり、四季の味を求める気配がたかまり、懐石の心が必要になってきたことは、日本に生活する人々の幸福の一つがよみがえってきたように思えるのであります。

（昭和四十五年「日本経済新聞」）

# 食文化

新鮮な魚介の生活にはじまった日本の料理が、火食を知り、蒸すこと、煮ることを考え、だんだんと料理法を発明していたところへ、唐の食文化が仏教と一緒に渡来しました。美術工芸などと同様に仏教による影響は大きく、奈良時代には、ヒシオ、シオカラ、ショッツル、フナズシなどがすでに作られ、唐菓子なども作られるようになりました。平安時代を迎え、料理も食器の発達とともに進歩してまいり、鎌倉時代になると禅僧によって、納豆、豆腐、うどん、羊羹《ようかん》などがもたらされ、室町時代には味噌、醬油も現代のものに近くなり、有職《ゆうそく》料理が形式化して、流儀が生まれました。

安土・桃山の時代は、日本の文化と同様、食文化にも飛躍期となり、南蛮の料理や菓子が渡来した反面、室町時代からの茶道が利休居士によって大成され、その時に懐石という料理が誕生し、天ぷらもこの時代に入ったと言われております。

料理献立も、たしかな記録が残るようになり、料理法も現代に続くものが多くなりました。

しかしながら、現代の一般に会席料理といわれる形式は、江戸期の元禄時代から、文化文政に至って大成したのだそうです。濁酒《にごりざけ》が清酒となったのも、江戸期に入ってからのことであります。

日本の食文化は、中国より教えられたものが多いのでありますが、決して、伝来したものそのままを伝承したのではなく、いずれも日本人の知恵と味覚と嗜好がそれをゆるさず、日本の気候風土に適応するように改良され、日本料理に同化してまいりました。

この外来の食が、日本化されるについては、日本の湿度の高いことや、島国としての四季にわたる気温の変化などによる自然現象が、同化作用をうながしたのでありましょうが、ここにも、大陸と島国との差異を考えさせられるではありませんか。

（昭和四十一年「読売新聞」）

## 味加減は目分量で

日本料理の味加減は、自分で決めるもので、それも目分量で決め、舌で確かめていく習慣をつけてください。四季のうつりかわりとともに、味覚も徐々に変化していくのですから、自分の舌の感度が一番たしかなお加減を決定するのです。したがって、目分量は「勘」的な要素を育てていきます。

「勘」のような不安定なものにたよるのはいけない、というのが現在の料理教授法ですが、「勘」によってわれわれは生活をつづけているのだともいえます。

野球の外野手はカーンと打ったフライの白球に背を向けて走っていき、「勘」によって、ふり向きざまその飛球をグローブに収めます。家の中のさまざまなお仕事も、考えてみれば「勘」によって処理されるものが多い。和気藹々《あいあい》とした家族の間では理路整然としていなくとも、なにがなしわかり合え、言葉を交えなくとも通じ合えるもので、実はこのことも慣れによる「勘」的なものによって保たれているのだといえそうです。

元三大師《がんざんだいし》(叡山の聖僧)のお母さんは、幼い者の教育に、大豆をぽいっと投げて受けとめることからはじめられたそうですが、少年だった大師は修練を重ねて、ついに飛んでくる大豆を箸でつまみとることができるようになられたと伝えられます。

先年亡くなられた京都の或るご隠居さんは、ご自分の「勘」がおとろえないようにと、部屋の隅に紙屑籠を常置して、鼻紙その他のゴミをみなぽいっと投げ入れておられました。

親子の語らいの中にも、夫婦の茶飲み話にも、商談、芸事、その他ありとあらゆるものの中に「勘」は生き、働いています。

火加減、煮加減、その他料理全般にわたって、「勘」の良し悪しで決まるものが多いのです。お茶をほうじたり、ゴマを煎ったり、すべて「勘」を働かせて見守り、「よし、今だ」という判断で処理していくものばかりといえます。

何度もいうようですが、料理は小手先で作るものではありません。真剣な眼で見つめ、「勘」の判断で生まれるものが「美味」であります。西洋や中国の料理は知りませんが、日本の料理についていえば、決して数字や分量によって作るべきものではないと思います。

（昭和四十三年「教育日本新聞」）

## 南国土佐の味

南洋に育つカツオが、遠路はるばる日本へ、毎年月をたがえずやってくることは不思議であり、有難いことであります。

青葉の頃、鎌倉沖へさしかかる初ガツオを、江戸のお留守居役などの通人は、釣り上がるのを待ち構えるように金子《きんす》に糸目をつけず買い求め、早船仕立てで一刻を争い持ち帰らせ、宴を開いて賞味したそうですが、さぞかし初ものの贅《ぜい》を誇り、一年待った喜びの味に酔ったことでしょう。

「いなせ」という言葉そのままの、色と姿は初夏にふさわしく、上層魚特有の濃紺に浮く縞模様にスピード感をあらわし、食欲をそそりますが、海底の魚と違い、水圧を受けないために身がやわらかく、濃厚味は望めないものの、さっぱりした江戸っ子好みの小意気な旨味を持っています。

ところが、金華山沖から北海道近くまでも北上し、迂回して太平洋の中層を南へ帰りゆくカツオは、北上が進むに従って脂肪がのり、人によっては、金華山沖のカツオにかぎるとか、秋ガツオの濃厚味を絶賛されます。

＊

さて、土佐といえば、昔から鰹節を連想するほど、世界に誇り得る調味料の本場です。土佐沖を通過する頃のカツオは、少年期の向上心に燃える年頃とでもいえそうで土佐の亀節の削りたては真赤な艶が照り輝き、実に見事なおいしさです。

もともと、鰹節には脂肪は禁物で、成育した脂肪分は濁った白色となり、おいしくないのですから皮肉なものです。

つまり、土佐沖で釣れるカツオは脂肪が少なく、鰹節に最適ですが、生食にはいささか水っぽいというわけで、土佐人は実に賢明な食べ方を発明しました。叩き料理がそれです。

日本テレビの「食べる知恵」という番組に月二回依頼を受け、そのうち一回は地方名物の紹介ですが、過日、その取材にあたって、かねがね叩き料理の古式を知りたいと念願していた果報を、土佐の高知で得ました。

黒潮うずまく高知市南端、桂浜《かつらはま》の坂本竜馬の銅像横へキャメラを据え、前もってお願いしてあった叩き料理の名手、豊竹氏の庖丁に、なるほどと、古人の知恵の尊さを強く感じました。

五里余の漁港宇佐《うさ》から取り寄せた新鮮なカツオを三枚におろし、さらに背と腹とに切り放した四つの身を鉄製の熊手のようなものの上に並べ、一間余の木の柄をしっかり握り、燃えさかるワラ火にかざし、皮つきのまま回転させながら周囲をうっすらと焼き、俎板《まないた》にとって一・五センチに切り進む腕前もあざやかに、切り終った四つの刺身を一直線に並べ終えると、白くなるほど一面に塩を振り、左手に持った二杯酢をぱらぱらと振りかけながら、右の手の掌《たなごころ》の曲線をぴたぴたと叩きつけていく。

その手際は、叩くという強い言葉とはうらはらに、温度を静めながら肉を引き締め、味をなじませていくもののようで、その技法の合理的で、手に伝わる勘どころに感じ入りました。いぶされたワラの香りを淡くつけ、やわい歯ざわりに軽い抵抗の焼き目をつけて、別趣の美味を考え出した土佐人の味覚のたしかさに敬服しました。

叩きが終ると、すぐ細かく刻んだ青紫蘇をたっぷり着せかけ、大根なますをワキ役に、脇皿の輪切りが色を添え、薄切りのニンニクを右脇へと、大皿に盛られた見事さもさることながら、いずれも相性のよさに驚き入った次第でした。

ニンジンを少し混ぜた大根の土佐なますと呼ばれる心地よい歯ざわりは、カツオの旨味にリズムを奏でるかのようで、「百聞は一見にしかず」と嬉しくなり、ワキ役の大切さを知らされました。

それにしても、前の夜の、山内家ゆかりという宿のカツオの叩きは、伝統の味を守りたいと思う者には恥ずかしいほど、焼き身六に生身四と焼きすぎで、土佐気風をあらわすためにか、ものすごい大切りが食べづらく、しかもキャベツの刻みをワキ役にした無神経さに、トンカツじゃあるまいに、と悲しくなったことでした。

「土佐日記」をひもとくまでもなく、土佐の歴史と誇りに対して敢えて苦言を添え、遠洋漁業のカツオでは真の旨味は望めないだろうと、発達した漁業に思いをいたしました。

（昭和四十三年「経済往来」）

# 相性とは

優秀な日本人の躰と知能を作った戦前までの料理について——外人記者から、突っ込んだ材料の質問をうけ、あまりにも大豆製品の多いのに、彼我ともども笑い合い、恩恵の深さに今さらながら頭のさがる思いでした。

味噌、醤油の二大調味料から、豆腐、湯葉、納豆、煮豆の数々、油脂原料の用途も広く、また、初夏より晩秋まで食卓を彩《いろど》るみどり鮮やかな豆の料理、酒客に喜ばれる枝豆もそのひとつ、と指折り数えると恩威は広く大きいものです。その尊さが節分の厄除《やくよ》け行事の主役をつとめ、悪魔退散の豆撒きとなり、歳を重ねる意義も新たに、歳の数だけ煎豆を嚙みしめるのです。

二十歳の頃、ごひいきをいただいたご隠居さんが、「好《え》えところへ来やはった。豆こぶ炊いてるさかい、おしたじさす頃合い、教《お》せたげまっさ」と、行平《ゆきひら》と風雅な名の小深い土なべの落し蓋をとって、木杓子でふうわりと煮えた豆をすくい、走り元の腰へはっしと投げつけ、「それ、こんなにしっかりひっついたやろ。気長に炊《た》かんとあかんのえ、固かったらぽろっと落ちるがな……。それから、肝腎《かんじん》なことは、やわらこう煮えたと思《おも》て、おしたじたんとさしたら、せっかくのお豆さんが締まって味がないいえ。ちょっとずつ三回に分けてさしてゆくのえ……」と、親切に教えてもらった台所が目にうかびます。

いつも、茶席風の居間の片隅に、花入れのような屑籠を置き、離れた火鉢のところから、不用の紙などを丸めて、ぽいっと投げ入れ、「勘のにぶらんように……」といわれ、「なんでもないようなことを、しっかりやらなんだら、好《え》え料理でけへんでえ」と、浅草海苔の火取り方やゴマの煎り方のコツを教えてくれた恩人で、すぐれたお茶人でした。

大豆の見分け方は十粒ほどを掌《てのひら》にのせ、破れやキズがなく、よく肥えて皮が薄く、粒揃いで乾燥のよいものを仔細に選びます。

一晩水に漬けたままで、火にかけ、良質の分厚い昆布の色紙切りを同量混ぜ入れ、弱火でコトコト煮つづけると、とろっとした昆布の旨味と大豆の持ち味とがからみ合い、なじみ合って、一プラス一が三にも五にもの別趣の旨味となって生まれ変ってくれるのです。

淡口醤油のお加減は件《くだん》の如しで、鍋のまま一夜を越させると一段と風味がかもしだされ、大豆の芯にまで淡味《うすあじ》が浸透して、濃厚味を喜ぶ和洋折衷の料理には求め得られない、しみじみと心に響き、血となり肉となるようなおいしさを感じさせてくれます。

北海の荒海に繁茂する昆布は、天日に乾しただけで素晴しい旨味となるもので、また、大豆は古来、畑の肉とたとえられ、稲穂につぐ野の幸の代表で、どちらも一緒に炊いて、決して旨いとは思えない異質の二つであります。

ところが、昔の人は理屈や理論ではなく、一家の明日の命を作り、知恵を与えるものなりと心を籠め、長年月ああだこうだと煮炊きをつづけ、幾度かの失敗にもめげぬ体験によって、思いがけない相性の美味をみつけ出してくれたのです。

タケノコとワカメ、ヒジキに油揚げ、棒ダラにサトイモ、ナマリ節に焼豆腐、干しエビとナスの丸炊《まるだ》きなど、昨今、母の味として男性に恋しがられる庶民のおかずは、祖先の努力によって伝承され、「縁は異なもの味なもの」のたとえの如く、いずれもが山の幸と海の幸との不思議な出会いで、その完璧な相性の美味は、交互に味わい、交互に箸の動く旨さであります。

それはあたかも、長所を伸ばし短所を補い合う、理想の夫婦《みょうと》仲に似て、しかも、島国日本なればこその美味であり、日本人の躰にぴったりのおいしさです。

*

戦後は、食べる以前の栄養計算を重視して、四季の寒暖に対応する各人の機能におかまいなく、季節感の必要性も栄養に優先する美味をも忘れ、栄養一辺倒のおかずに終始する食事が、偏食の肥満児や野獣性の青年たちを育てるのではないだろうか、と心痛する人もおります。

春に苦味、夏は酸味、秋に甘味、冬は濃味と、天与の恵みは日本人の躰を守るべく旬《しゅん》の味となって市場に出廻る、しあわせな民族と申せましょう。

寒流と黒潮の回游魚や内海魚も多種多味で、ヤマメ、イワナからドジョウにいたる川魚の種類も多く、四大州全土は清らかな味のよい水に恵まれ、山の幸、野の幸は四季折々にふさわしく、滋味豊かな個性味を秘めて登場します。

この豊富で繊細微妙な個々の美味を、鋭敏な味覚によって味わい分け、多種類の食を楽しむ食事にこそ、優秀な知能が培《つちか》われ、磨かれ、育ってきたのではないでしょうか。

もともと大陸の民族料理は、大陸の気候風土と材料に支配されて発達した料理で、主となる材料にかぎりがあり、調味料と香味料に依存して変化を求める、季節感の淡い料理でありますす。中国料理は乾燥材料をすぐれた技術の調味によって楽しむ料理で、どちらも多人数の技《わざ》を楽しむ野球やサッカーの味ともいえましょう。

それに比して島国日本の料理は、素材の味を尊び、相性の味を楽しむ点、相撲の味に似ているようだ、と外人記者に答えたものでした。

（昭和四十三年「文藝春秋」）

# 熱の味わい

三十歳になるやならずの頃の話です。

関西の大茶人といわれた方のお家で、連日茶事が催され、京阪電車で材料を持って通った最終日の夕方、手伝いの者たちと一緒に慰労のすき焼きをごちそうになりました。

卓を囲んだ真向いに当のご主人が坐り、煮え上がるまでの手持ちぶさたに、つい鍋の中の焼豆腐を裏返そうと、箸で挟んだ瞬間、ご主人から「ちょっとお待ち」と、声がかかりました。

「あんたはまだ豆腐の味がわからんらしい。焼豆腐はなるべくいじらずに、七割方煮えるのを待ち、頃合よしとみたら裏に返し、約一割程度煮えてから溶きたまごにひたし、豆腐の熱をやわらげて食べるのがコツ。真中はまだほのあたたかくて豆腐の持ち味がしっかり残っている。――煮えすぎた豆腐は熱いばかりで味わういとまがなく、フウフウ吹きながら早くノドの奥へ押し込もうとすれば、煮汁の味だけが舌に残って豆腐の真味を味わうゆとりがない、それでは豆腐に対して相済まんことになる。――それにすき焼きでは、主役はあくまでも牛肉で、焼豆腐はワキ役。主役の濃味を引きたてるのが淡味な豆腐の役割で、その濃淡を交互に味わってこそのダイゴ味であって、豆腐はどこまでも控え目な味でなければ……」と、ご親切な教えを受け、その時、料理の真髄という尊いものに触れたような気になりました。

それまでの私は、料理は目先の変ったものを作るのが上等だと思い、細工料理の技巧で喜ばれることが料理人の腕前だと信じ、ひたすら小手先の技の向上のみに明け暮れていました。開眼とはこういうことを指すのだろうと、今までの料理観が間違っていたと、気づかされたのです。

その頃、京都でも茶事が大流行で、古美術商の今井さんは特に茶事をよく催されましたが、献立と器物の取り合わせの下相談に伺うたびに、「珍しい献立を作ろうと思うな、季節のよい材料で、おいしい本筋の勉強を怠るな……」と、きびしくさとされ、だしは味のよい井戸水を使って……と、心からなるご教示を受けました。

また、親しくしてもらった木屋町の老女将に、「あんたは、腕にまかせて料理をしすぎるえ、変った料理を喜ぶ人の言葉におだてられたらあかんえ。料理は、なるだけ材料の持ち味を失わんように、まともな料理を作らなあかんがな。団子細工やあろまいし、ぐずぐずなぶっていたら、持ち味がだんだん悪うなりまっせ、手早う作って、熱いもんはちょっとでも熱いうちに、ええ香りをお客さんに食べてもらわな、もったいないやおへんか……」と、親身なお叱言《こごと》を頂戴しました。

今からくらべると、昔は食べものの味に詳しい方が多かったように思えます。それに若い者を引きたててやろう、教えてやろうと、お叱言の中にも親心のような、きびしさがこめられていました。

現在、私が店の者に強くいう料理の道は、十年先にはきっと喜んでくれるだろう——と、信じてのしつけなのです。

*

戦前と戦後では、味の嗜好も変り、また、味の感度にもいくぶんの差があるように思えます。とりわけ、戦後の宴会料理の大半は、熱と香りに無頓着になりました。しかも悪いことに、こうした習慣を日本料理だと、若い料理人たちは思い込んでいるらしいのです。

一時間も前に、煮合わせものが蓋物に盛りつけてあったり、焼き肴がさめているなど、情けないやら、くやしいやら——それも何百人という宴会ならまだしも、少人数の宴席や宿屋さんで冷え切った料理が恥じることもなく並べたてられ、生ぬるい吸物が出て終り……といった悲しい日本料理の有様。

できたての熱と香りの美味にくらべて、冷えた料理は美味の三分の二を捨て去ったことになるのです。

熱いものは熱いできたてを賞味してこその旨さであり、熱いものをさまして供することは、まず何よりも、お客さまに対して無礼であり、失礼であります。欧風料理や中国料理がどんなに熱を大切にしているかを、料理人はじっくり考えるべきでしょう。

お召しあがりいただく方々が、冷えた煮合わせものや、焼き肴がさめていたら、「馬鹿にするな」と、突っ返すぐらいのお気持ならば、料理人も少しは反省の色を見せるでしょうし、また、そうしてくださることが、日本料理が本来の正常な美味をとり戻すことになるための、一番の早道だと思い、念願している次第でございます。

このことは、祖国日本の料理の歴史に汚点を残さないようにと願う、心からの苦言でもあります。

（昭和四十三年「小説新潮」）

# そばの滋味

濃厚な旨さは誰にでもわかりやすく、多くの人に喜ばれますが、心して味わうのでないと、淡い中にある旨さは素通りしてしまい、おいしいとは感じないものです。

つけ味に重点を置く外来料理の影響で、戦後は特に調味の濃淡だけを取り上げ、濃厚調味でさえあれば、中身は多少古くても缶詰であってもおかまいなく、おいしい旨いと舌鼓のうてる倖せな人が多くなったようですが、調味の旨さには限度があり、範囲は狭く単調であります。

じっくり落ちついて味わう個々のものの持ち味にはかぎりがなく、広く深く、楽しさは無限なのです。

ただ単に「そば」といえばラーメンだと思う人も、日本人であるかぎり、味の修業の年輪を経れば、生そばの旨さはわかってくるはずです。

料理人はいつでも、正しい味判断をしなければならず、したがって夕方の仕事が終るまでは、空腹と満腹との中間的な腹具合が理想で、昼食はもっぱらザルそばを毎日とっていますが、一向にあきが来ません。あきがこないという不思議は、御飯や味噌汁同様、肉体に必要な養分をもっているからだと思い、有難く味わっています。

しかし出前の都合や、人手不足もあってでしょうが、茹《ゆ》で方に甲乙があり、満点だと感じる日は少ないものです。

もともと、真のそばの旨味を都会の真中で望むのは無理なのだと我慢しているものの、そばの生命は出し汁の旨さで決めてはならず、あくまでそばそのものの滋味と茹で加減の歯ざわり舌ざわりと、咽喉をすべりゆく心地よさにあります。

食前に五観の偈《げ》をとなえ無声無音で味わう禅宗の食事においてさえ、麺類だけには特典を与え、音高くすする心よさをゆるし、そばの旨さの究極を教えているとうかがっております。

（昭和四十四年「そばの本」）

# おべんとう

全国至るところに飲食を商う店がたくさんあって、いつでも飲食ができる——ということは大変倖せなことであり、平和の象徴でもありましょう。

大昔は、そのような営業がなかったからでもありましょうが、自分の体を大切に考える人や身分のある方は、他人のつくった食べものは、口にしなかったのではないでしょうか。

また、自分の好みの味を重くみる人は、今日でも、満腹すればよいのだと、安易に何でも食べることはないでしょう。特に中年以上になると一食一食が、自分の口に合い、安心して食べられるものを楽しみたいので、家庭でつくるか、特定の店へ注文されるようです。

家にあれば笥《け》に盛る飯《いい》を草枕旅にしあれば椎《しい》の葉に盛る

万葉集の食に関した中での有名な歌でありますが、都鄙《とひ》の文化の相違をよくあらわしていると思います。

*

満足な容器のなかった大昔は、木の葉が食器の役をつとめておりました。その遺風が、椿餅《つばきもち》、桜餅、柏餅《かしわもち》、などとなって残り、ちまきもその一つで、茅《ち》の葉で巻いたのが最初ですが、その後、笹の薬効を知ってからは、もっぱら笹が使われ、戦の糧食用ともなり、また、竹の皮も近年まで食器としての役目をつとめておりました。

杉材を薄く板にへぎ、丸く曲げた秋田のワッパのようなものが考えられ、それを四角や長方形に折り曲げた折箱も作られました。

いずれも、素朴な器には、家庭人が真心を籠《こ》めて料理をつくり、一日の無事を祈って詰めた弁当でありました。

小学校の遠足で、見晴しのよい山上でひらいた竹の皮包みのおむすびのおいしかったことを、今でも思い出す時があります。

弁当は、大きく三つに分けることができると思います。

一つは、家庭の延長である通学、通勤、海や山をはじめいろいろの仕事に行く人の弁当。別の一つは、他人さまをもてなすための弁当。そして、その中間的な弁当――つまり、会議、集会、催しものなどの弁当の三つであります。

弁当の形や材質は、それぞれの職業によって考えられ、用途に合ったものが生まれております。

山仕事の弁当は、小さな柳行李《やなぎごうり》に溢れるばかりに詰め、腰につけるための網袋が考案され、漁船の弁当は、木製の小樽で、蓋の真中に心棒がつけてあり、櫓《ろ》をこぎながら片手を突っ込んで食べられる配慮がなされ、もし、難破の時は浮きの代用ともするためだと聞き、感心したことがありました。

竹のすだれにおむすびを巻き込む、簡便な弁当もあり、用途に応じたさまざまの弁当が長い歴史を物語っているようです。

平安朝の権力者の宴《うたげ》の折、下働きの人たちへ渡した強飯《おこわ》のおむすびを、屯食《とんじき》とか、包み飯《いい》と呼びましたが、これが弁当の前身だろうと言われております。

武家政治になって軍糧や旅行の携帯食がますます必要になり、最初は「当座を弁ずる」との意味で弁当と呼び、また厨《くりや》がわりに持ってゆくものだから「行厨」とも言ったそうですが、一説に弁当は、面桶《めんとう》の転訛だとも言われます。

秀吉が小田原の陣の折、木樵《きこり》の携える弁当を見て好んだと伝えられる小田原弁当もあり、俗に信玄弁当と言う形も広く知られています。

江戸時代になり、太平を謳歌する中期以後、食味を享楽《きょうらく》する風習が高まり、花見弁当や芝居弁当などが流行し、幕府の政策による地方の黄金の蓄えを少なくするための蒔絵《まきえ》奨励によって、組重や重箱に豪華な蒔絵のものが作られました。

明治から大正にかけては、弁当づくりを専業とする店ができ、弁当箱も多岐多様のものが作られ、昭和にはアルミや合金の便利な弁当箱が流行しましたが、現在、弁当の代表的とも言えるものは、鉄道の駅頭で売られる俗に駅弁と呼ばれるものであり、各地の郷土色が盛り込まれているものが喜ばれています。

（昭和四十六年「サントリー・グルメ」）

# 水に思う

毎月三、四回京都と東京を往復するたびの、沿線の四季の移り変りは楽しいものですが、とりわけ、関ヶ原から彦根をすぎるまでの雪景色や、のしかかるような白一色の伊吹山は美しく、さぞ、北の琵琶湖の水は冷たいだろうと思います。その冷水に、養魚でない川マスの美味が育ち、氷の魚と書く氷魚《ひうお》もとれます。菜の花がふくらみ、雛祭が近づくと、瀬田のシジミは日増しに身が肥え、貝殻は黄金色《こがねいろ》に輝きます。

五月の節供《せっく》の頃ともなれば、源五郎ブナが子をはらみ、原始的な手法による鮒寿司となって、遠近の通人に口福《こうふく》を与えます。

明治大帝がこよなく愛好されたとうけたまわるヒガイや、アメノウオの珍味をはじめ、四季折々に従い、琵琶湖は淡水の幸を恵んでくれます。

京の街より水位の高いであろう湖水が、太古より京の地下水となっているのではないでしようか。伏見は昔、伏せ水と書かれたそうですし、諸所に名水の井戸をもち、頼山陽《らいさんよう》の山紫《さんし》水明《すいめい》の語のように、京都は今もって水道の水のおいしい街であります。

一昨年でしたか、NHKで世界の水を集め、東京都の各所の水も飲みくらべる番組に招かれ、水道局の方と味わい分けるのに苦労しました。

その折、「辻留の銀座店と赤坂店とでは、水道の味が違うように思うので……」と、質問したら、「それがわかりますか。実は、利根川と多摩川、その他の水系によっても味が違い、浄水場の処理方法にもよりますので」とのことでしたが、京都は倖せな水の都と言えるでしょう。

（昭和四十七年「京都新聞」）

# 年輪

# 食の味・人生の味

苦い味をおいしく食べさせる料理人は最上、甘い味で人を喜ばせるのは最低だと、中国の古書にあると聞き、さすがに歴史の古い国かな、と感心させられました。

熱湯で無造作に点《た》てられた薄茶と、湯加減のよいお手前のお茶とでは、同じ抹茶であっても、味わいに大差を感じます。煎茶、紅茶、コーヒーも同様で、心入れの深浅が味を左右するのです。

苦味は、ワサビやカラシなどの香辛料の中にも含まれており、特に春の野草には苦味の強いものが多く、フキノトウやタンポポなどは、少年期には馴染《なじ》めない味で、食べる人を見て不思議に思ったことでした。ところが、嫌いだった苦味が青年期から徐々に好もしい味だと思えるようになり、人生のほろ苦い味がわかる頃には、野草の苦味をむしろ旨味として賞味するようになるわけで、味の嗜好も人生の味とともに歩むのでありましょう。

塩加減をした天ぷらの衣にタンポポの若葉を浸して、シャッキリと揚げた熱つあつは、苦味がうすれて素晴しい旨味を発揮します。

若い頃は、フキノトウは熱湯で茹で、一晩水にさらして苦味を抜き、砂糖醬油で煮つめるものと思っていましたが、中年期からは、茹でずに清酒と醬油で煮はじめ、砂糖のかわりに古漬けの梅干しを一緒に入れて煮込み、苦味を抜き取るよりは、調味によって苦味を押え、苦い味を旨い味に転化させる工夫がつきました。これとても、苦い味が好きになった故でしょう。

秋が深くなるに従って、柚子《ゆず》は日一日と大きくなり、緑色がだんだんと黄味をおび、霜が降りる頃には見事な黄色の艶が輝き、皮の内面の白い肉も厚くなり、ふとかわいかった花柚子の頃を思い合わせて、あわい無常観のわく時もあります。

その柚子を薄く輪切りにして長盆に並べ、種だけは丹念に取り除き、砂糖をパラパラと振りかけておくだけで、二時間後には結構な酒の肴となり、砂糖を多目にかけておけば、薄茶一服のお菓子代りともなります。

永い人生には、人に誤解をうけ、苦々しい思いにさせられたり、肉親にもいえないような苦しみに悩むときもあり、昔は、その苦しさが顔や態度に出たり、それを忘れようと煩悶したものですが、年とともに苦しさが深ければ深いほど、不幸の中の倖せを見つけ出し、まず何よりの倖せである健康を第一に考え、身辺の倖せを思いうかべて、心を明るく持ち直せるようになりました。自分ながら、成長したものだと、微笑の浮かぶ時があります。

（昭和四十三年「きょうばし特報」）

人の世のえにしとは不思議なもので、自分の意志以外の目に見えない糸のようなものでたぐり寄せられ、思わぬことが思わぬ結果を生むことが間々あります。はからずも——とは、そのことを指すのでしょう。

八年ほど前、文藝春秋の車谷さんからお電話でお招きを受け、築地の金田中《かねたなか》さんに伺った折のこと、先客に春日のお家元さんと、とよ五さんがおられました。

当時、文藝春秋から『料理のお手本』という拙著を出していただく直前で、肝腎の題名が決まらず、あれこれ考えあぐねていたときなので、今日こそはなんとしても……の心づもりで伺っただけに、瞬間とまどい、拍子抜けの座につきました。

＊

後日、とよ五さんに聞きましたら、その夜の家元さんは大変ごきげんがよかったそうで、日頃、予想していたイメージとは異なり、意外に気さくで、なんのこだわりをも感じさせない、おおらかなお方なのに驚きました。

そして、思いがけないことに相成ったのです。

家元さんはつと取り上げた三味線を軽くかまえ、「二、三日前に手をつけたばかりなので……」といいながら、しばらくたしかめるようにひいておられましたが、「さあ教えましょう」と、突然おっしゃったのです。

鳩に豆鉄砲で尻込みしたものの、皆さんのおすすめもあり、家元さんの前にすわることになりました。

若い頃から小唄を口ずさむことはあっても、座興におぼえた程度で、その上、水調子ときているので、冷汗三斗《さんど》のしどろもどろでしたが、今思い出しても得がたい一夕だったと、有難く思っています。

＊

当夜の模様を引用いたしますと、

築地の料亭で、小唄のお家元、春日とよさんに、節づけのできたばかりの小唄を教えていただいたことがあります。

このとき、つくづく芸道のむずかしさと、粋《すい》とか洒落っ気とかの入りまじった、いわゆる通人だけに通じる芸の秘密のようなものを、朧気《おぼろげ》ながら知ることができました。

酒の相手に、話の相手

苦労しとげて、茶の相手

これだけの淡々とした詞《ことば》に、枯淡《こたん》な手のついた音〆《ねじめ》でした。やわらかそうで、そのじつ研《と》ぎすまされた音調の冴《さ》え、詞と糸のかもしだす不即不離《ふそくふり》の勘どころなど、ひとつの小唄が完成するまでのご工夫の、なみなみならぬきびしさにうたれ、敬服いたしました。敬服しながら私は、料理の中に、この境地を求めていました。

＊

料理の中で最も淡い味のものは、懐石で箸洗いと呼ぶ清《すま》し汁ではないかと思います。三千歳の直次郎のかぶる手拭は、ごく淡い藍色《あいいろ》で染めてあります。二枚目の白塗りの顔が手拭をかぶって、一段と引き立つようにとの工夫だそうで、染料の瓶をちょっと覗いたほどの染色だということから、古来、京の染屋で「瓶のぞき」と呼ばれてきたものだと聞きます。

箸洗いの味は、この「瓶のぞき」の味といってよいかと思います。濃淡さまざまの懐石のコースの中にあって、味のリズムをつくる上に重要な役割を担《にな》っているお汁であります。

箸洗いの中身には、春はわらび、夏は蓮の実、秋は粒紫蘇、冬は梅花の一、二片と、季節にふさわしいもの少量が選ばれますが、寒中の箸洗いには、焼きからすみに針生姜を使うこともあります。

＊

熱湯に昆布をさっとくぐらせただけの清し汁に、あるかなしかの塩加減をいたしますが、お白湯《さゆ》にもまごう清し汁の中の、薄いかき餅のように焼いたからすみと、針に切った土生姜との調和の美味——。これこそ、小唄の機微に迫るうま味であり、「苦労しとげて、茶の相手」に通じる枯淡な美味ではないでしょうか。

表面に仰々しく現われねば気のすまないご時世ですが、さらっとして、何気なく、さりとて欠かすことのできない効果を生み出す粋《いき》な味——やはりこうした味わいは、繁雑な世になればなるほど必要で、苦の世界の箸休め的な存在であり、無用の用としての尊い味ではないでしょうか。そしてまた、小唄の真髄にも、小唄の効用にも相通じるところがあるのではないか……と、思える年齢になりました。

（昭和四十年、小唄誌「春日」）

水仙に似た母

これまでに母を語る座談会や書くことを頼まれても、断わりつづけたのは、義母への私なりの思いやりでしたが、もう私の還暦もすんだことだし、義母もそう気にとめまい——と、筆をとりました。

私が十四歳の二月、世界的に流行した感冒スペインかぜで突然、母は亡くなりました。寒い寒い二十一日の夜明け前、お医者さんの門を叩きに走りに走ったのに——はかなく死んでしまいました。ペニシリンがあの頃あったらと、切り傷によくお世話になるチューブ入りの軟膏を見ると、くやまれて心が滅入ります。

そして、私を頭に四人の男の子を残して、さぞ、心残りであったろう、死は、つらかっただろう——と、気持を察して悲しくなり、冥福を祈っております。

しかしその反面、ある時は、三十三の厄年で亡くなった若くて美しい貴女《あなた》は、いついつまでも私たち兄弟に優しい思い出と美しさばかりを残され、その後の世相の変動を知らないことは仕合わせなのかもしれませんよ、と気弱な母に告げたい気持です。

# 面影の水仙に似て七回忌

＊

若い頃から俳句に親しんだのも、母を恋い慕う心が発端で、あの六年余り参戦したビルマの地のつれづれを慰めてくれたのも俳句だった――と、思いをめぐらすと、皆母の死につながる運命の起伏は夢のようで、芭蕉の「人生は旅なり」とする心もわかるようになり、近頃つくづく「人の世は正に旅だ」と感じ、今後もこの旅心を忘れずに我慢をし、努力して、素直な人生を送りたいと思います。

今、こうして過ぎ来し方をふり返ると、父とは何度も意見のくいちがいから大声を出し合ったのに、義母には一度も叱られなかったのですが、むしろこのことが身に沁みて淋しかったと感じられます。私が店の人たちにきびしくしつける声は、君たちに役立つ声なのだ――という意味の、その裏側の淋しさです。

決して、義母を悪く思ってのことではなく、微妙な心の中の気兼ね――なさぬ仲のいたわり――これは一生ついてまわる宿命なので、どうすることもできない、悲しい悲しい運命というものです。

しかし、運命の指金《さしがね》というのか――このために私は早く独立できるよう――家を離れても、自活できる腕を早くもたねばと、心底から覚悟をきめて、家業にはげみつづけ、不思議にも京育ちの私が、東京の銀座と赤坂に店をもつことができました。

もし青年期が順調だったら、料理人でなく、好きな能楽の先生で一生を送ったかもわかりません。運命とは、自分の希望を満たしてはくれないで、思わぬ人のお情けや他力によって、目に見えない糸であやつられているようで、恐ろしくなることもあり、また、今あるのも母のお加護だと感謝したくなることもあって、つとめて墓参をし、盆供養《ぼんくよう》には一緒に歩いた昔の道順を懐かしみながら寺々を巡拝しますが、この年になっても、毎日床へ入るなり、お母さんお守りください――と、あまえたお願いとお祈りを申します。

実は母も、年頃になってから義母によって育ち、生家を出ることになったのです。京の円山、構えの大きい料理屋の長女に生まれ、嫁入り後も毎月、一日と十五日に、屋敷内のご先祖織田道八居士のお墓参りにいったそうですが、義母は決して挨拶をうけようとはしなかったそうで、「生まれはった家やのに、淋しそうに帰らはりましたえ……」と、その頃の店の人から聞きました。

もちろん、墓参だけでなく、実父も健在だった頃なのに、その他こもごも、情愛の悲しみに泣いたであろう母が哀れでなりません。

義理にはさまれたからでしょうか、控え目な京女らしい性格で、本当に子供たちにはよき母でありました。少年野球はなやかなりし頃、六年生で捕手となり主将だった私が勝って帰ると、我がことのように喜んで、大好きだったクルクルと呼んだ鶏卵の菜種をお伊勢さんみやげの帆立貝で炊いて、「よかったなあ……」と、はげましてくれた、それはそれは嬉しそうな顔が思い出されます。

「おんば日傘」で育ったので、力が弱かったらしく、或る日、漬けものの石を落して指をはさまれ、娘のような大声で泣き出したので、母の指を口にくわえ、「痛いの……痛かった……の」と、いろいろなぐさめた記憶と、母の声が、今も耳の奥に確かに残っております。

ものごしの母に似た孫ひなの夜

（昭和四十三年「オール生活」）

# 山科の胡瓜と茄子

朝七時半起床。

青山の宅から九時までに銀座店に着き、筒袖《つつそで》の仕事着に着替えて稼業に励み、そのあいだ、新聞や雑誌の依頼原稿も書き、テレビ出演も時々、写真撮影も折々。

夜九時閉店まで庖丁を持ち、献立を考え、お加減をみます。

元旦から三日までが休日。京都店との往復は月三回。銀座店と赤坂店との往復は連日。

夜十時青山に帰り、本の原稿書きで二時三時になる日もあり、よくもつづくものだと健康に感謝してます。

現代ばなれの年中無休と、愛読者のおかげで拙著が二十余冊となったものの、妻子や店の人には申しわけないと思っています。——私事を書いたのは、明治三十九年十二月三十一日午後五時半という、超多忙の時刻生まれである因果を背負い、日本の味を守る使命感に燃えているからのことですが、馬鹿ではなかろうか——との人の噂に苦笑してます。

ビルマに七年従軍して得た賜物《たまもの》の第一は、島国日本のあまりにも恵まれた四季の食物の豊富さと、山水の美を教えられたことです。

その折、もし故里《ふるさと》京都へ帰れたら、山科《やましな》の胡瓜《きゅうり》と茄子《なす》のどぼ漬けを思い切り食べたい——と念願してました。

そのおいしかった瑞々しい薄緑の胡瓜も、面長の美女をおもわす紫紺《しこん》のやわらかい皮の茄子も、悲しいかな改悪されて姿を消し、野菜にも人間不在が目立ちます。


（昭和四十五年「大阪ガス」）

浮世ばなれ

料理を天職として五十年、食器とともに歩いた五十年でもあります。

かねがね、真に用途にかなった食器の形は美しく、外見の装飾的な美しさに優先するものだ、と信じております。

たとえば、お椀は持ちやすくて口あたりがよく、安定感があってしかも丈夫で、優しく品のよい――と、使いよい条件が揃っておれば、絢爛《けんらん》たる蒔絵や派手な絵付のものより美しいのであって、毎日気軽に食卓の友として長く愛用できるはずです。

ところが、時代の風潮に支配されるのか、装飾性過剰の食器が多く、料理の邪魔になる絵もあって、通りすがりに一目惚れで買える食器は、案外少ないものです。

銀座の百貨店での工芸展で、一見して求め、包みを受け取りながら、「この作者は？」と聞きたくなりました。「この方です」といわれて見ると、店員さんのそばに、学生服の素朴な青年が顔をやや赤らめて立っていました。

芸大の漆芸科に在籍の学生だったので、予想外に一瞬驚き、とまどい、「帰りに寄ってください」と、名刺を渡して別れました。

夕方、礼儀正しいながら何の飾り気もなく、ぼそっとした感じで「野田行作」と名乗ったのが、えにしのはじまりでした。その後、作品を持ってくれば批評もしたり、店で使ってもみたりが十余年つづいております。

卒業後五年目ぐらいに「茨城に土地を求めました」とのこと。

「将来のためには、木地屋さんの多い小田原近くだと便利なのに……」と忠告しましたが、そんなこんなでご両親とも近づきができて、二、三年後に、彼の結婚式に仲人を頼まれ、これも食器との因縁だろうと覚悟をきめました。

当日、新婦もよい家柄らしく、お客も立派な人たちだったので、「どうか、両人の前途に今流に物質的な期待だけは持たないでください。十年あるいは二十年後の作品に期待をもって、彼の正しい美しい食器をもっと多くの方々が知ってくださるまで、両人を見守り、精神的な援助をお願いします」と挨拶したところ、喝采と拍手が長くつづきました。

よくしたもので、新婦は彼の仕事に理解があり、なかなかの働き者で、一児をもうけて一年後、小田原の山中に居を移した由で、夫婦が車の運転を習い、たびたび顔を出すようになりました。

裏山の奥は深く、彼はこの夏、山主の許しを得て漆の樹から生漆を一桶かきとらせてもらい、つぎはロクロ場を作るのだと張り切っています。

もともと、漆仕事に俗塵は禁物です。

春慶塗《しゅんけいぬり》は飛騨の高山で生まれ、昔の輪島塗は船中で塗ったそうで、清浄の地を得た、彼の用途美に輝く作品の大成を祈っております。

世の中は不思議に、眼に見えないえにしの糸で動かされているように思えてなりません。

（昭和四十四年「潮」）

# うまいもの

# きみひょう

京都の夏をいろどる郷土芸能の一つに六斎《ろくさい》があります。

浴衣《ゆかた》がけの農村の若衆が、手振りよろしく踊りながら、笛、鉦《かね》、すりがね、大太鼓や豆太鼓を囃《はや》すのであります。町内をまわり、仏前で回向《えこう》することもあり、なかなか見事な芸で、子供の頃は「ロクサイがきた、ロクサイやロクサイや……」と小踊りしてふれ歩き、はしゃぎながらついてまわりました。

六斎は、六斎念仏と呼び、平安朝の貴族仏教を、空也上人が庶民のために念仏を布教しようとした踊り念仏が遠因であります。

空也上人は、貴族出身にかかわらず、庶民のために金鼓を叩き、錫杖《しゃくじょう》を持ち、法螺《ほら》貝を吹いて全国をまわり、いろいろの奇瑞霊験《きずいれいげん》をあらわし、念仏の勧進《かんじん》をされたのであります。

京都の松原大和大路《やまとおおじ》東入、六波羅蜜《ろくはらみつ》寺に、空也上人像と伝えられる異形《いぎょう》の立像があり、運慶の四男康勝の作だといわれております。鹿の角《つの》のついた杖を左手に、金鼓を胸に、右手に撞木《しゅもく》をもった、鉦《かね》叩き念仏の行脚《あんぎゃ》像でありますが、さらに六字の名号をあらわしたかわいい化仏《けぶつ》の並んだ枝仏を、口にくわえておられます。

空也上人は平安初期延喜三年の生まれで、浄土宗の法然上人や、浄土真宗の親鸞《しんらん》上人より以前の方で、念仏布教の創始者であり、信仰人も多く、市《いち》の聖《ひじり》とあがめられました。その後、空也念仏は特有の曲調の念仏を唱え、半俗半僧の「鉢たたき」「茶筅売《ちゃせんうり》」の風俗を生み、今もって農村社会に念仏行事を根強く残しました。また、古代芸能の基礎ともなったと伝えられます。

江戸期から明治を経て大正の頃まで、東京の下町に空也衆という、いわゆる旦那衆の通人で念仏回向を趣味とする集まりがあったそうで、その中の一人でお菓子作りに長じた方が店を持ち、屋号を「空也」とつけられました。

銀座並木通りの空也さんの「きみひょう（黄身瓢）」は「空也もなか」とともに昔から有名で、変遷のはげしい時代にも、今もって昔の形そのままの懐かしい色であり姿であります。勿論、味わいは江戸の風味を感じさせる独特の美味を伝えております。

ビル建築の林立する銀座の真中に、数寄屋《すきや》作りの小ぢんまりした店を構え、自説を曲げず、個性味豊かな味を守りつづけておられるので、その自信と勇気には教えられるところが多大であります。ところが、最近、防災上、木造建築では許されなくなったのか、「空也」さんもビルになるのだそうで、ちょっと残念な気もします。

辻留の銀座店は、現在、電通通りの日本軽金属ビルの地階ですが、昨年までは空也さんの近くだったので、時には数珠《じゅず》を拝借に行ったり、お茶の稽古日にうかがったこともありで、鉛筆を手にしてから、ご主人に電話して屋号のいわれをおたずねしました。その中で、「空也上人とは関係はないんですよ」とのことでありました。

ところが、「職人尽歌合」の「鉢たたき」に、鹿杖《ろくじょう》を地に立て、瓢《ひさご》を叩いて念仏踊りする「ひじり」の姿が描かれています。

空也さんの「きみひょう」を味わいながら、空也上人のことは抹香《まっこう》くさいので、あのようにおっしゃったのだろうかなと、わざとらしさのない素直な姿の「きみひょう」をじっくり眺めつつ、これを書いたことでした。

## 浅草に江戸あり

「関西の江戸っ子だよ、君は……」と、江戸っ子の大作家におだてられ、それでなくても江戸の匂いと味わいが知りたくて、多忙の中から暇をみつけ、胸はずませて百花園や堀切に、亀戸天神へと足まめに、江戸の面影《おもかげ》を偲《しの》び、江戸の味を求めようとするのですが、向島の土堤の草木はしおれ、高速道路の橋梁工事がはじまっています。

しかし、年中行事の中には、まだ江戸っ子の気《き》っ風《ぷ》と匂いが多分に残っていて、東京に店をもった倖せを有難く思っています。

＊

なれそめの早や十余年酉《とり》の市

お酉さまの熊手を持ち、震災前の吉原の日本建築の豪華さに目を見はった少年の頃を思い浮かべながら、雷門まで浮かれ気分で歩いたり、浅草の四万六千日もかかしたことがありません。いなせな姿の手打ち風景に心がはずみ、浅草に江戸あり――と、いつも嬉しくなります。

そんなこんなで、縁の深い浅草の仲見世通りのそぞろ歩きは、京言葉の「お上りさん」気分で、楽しいのんびり歩調になります。仁王門の近く右側に、江戸趣味人形の「助六」の店があって、江戸からの老舗《しにせ》の誇りを、「私が店をつぐと四代目ですが……」との息子さんの言葉に、「なにがなんでも、この店は残してもらわねば……」といえる仲で、通るたびに、江戸人形を求めて帰り、江戸情緒を机上に飾るのが楽しみで、浅草を恋しがらせるよすがのひとつでもあります。

観音さまがお詣りがすむと、いつも後ずさりして正面の上の「施無畏《せむい》」と達筆にかかれた大額を仰ぎ、観世音菩薩の慈悲の心を拝するのです。これは仏道の三施のひとつで、私なりの解釈で「おそれるところなし——死もおそれぬようになれるぞよ」との意味であろうかと、しばし見とれます。

三社さまにお詣りして、必ず梅園でところてんを食べます。辛子のきいた酢加減はよいのですが、相も変らず水道のカルキ臭が漂うところてんに悲しくなります。そのことが口に出かかりながら、未だにその機を得ないのですが、粟ぜんざいとともに浅草名物だのにと思うと残念でなりません。

「慶安太平記」の丸橋忠弥の台詞に……それから角のどじょうやで……とある、駒形どぜうの店構えが、さすがに、と思える新装以来、最近はじめて訪ねてみました。なつかしい大きな木札をもらい、座をみつけて注文をすませ、ふと見上げた正面に「祝百年」と三字の額があり、近づいてよく見ると、明治戊辰と為書《ためがき》があります。帳場の方に聞き、それが江戸以来百年目の明治に書かれたもので、今年で百七十余年の伝統の味だと知りました。

「食べもの屋とでんぽ（腫れもの）は大きくなれば……」のたとえを思い出し、このことは、どじょう一本で押してこられたからこその歴史だと、つくづく同慶至極《しごく》と感心します。

嬉しいことに江戸の庶民の味もかくやとばかりの繁昌振りで、紺絣《こんがすり》の娘さんの呼び声に活気があり、炭火を使ったどじょう鍋の煮つまった匂いや味噌汁の香りがたち込めています。

実は、それ以前に、さる同業の真白い牛蒡に驚き、野趣味と素朴な味が売りもののどじょう屋の牛蒡がアクを抜き去り、香りが飛んで、残るは白い繊維だけで、どんなにお加減がよくても、泥臭いどじょうとの相性はよくないと苦言を呈したことがあって、内心どうだろうか——と心配だったのですが、たしかに駒形さんには牛蒡の旨味があり、香りもありました。しかし、牛蒡のアク味をもっと尊重したら、どじょうとの相性がより深くなじみ合い、二つの味が三つにも五つにも旨味を発揮してくれるだろうと、楽しみながらどじょう汁のおかわりと蒲焼を頼み、二度目のどじょう鍋へ、ざく切りの葱を盛り上げ、世は太平なるかなと明治百年に思いをいたした次第です。

## お菓子の品格

茶の湯の本式の茶事の主《おも》菓子は、黒の真塗縁高《しんぬりふちだか》（約二十センチ角）の真中へ姿正しく一つ盛りにして、縁高を重ね、上段に蓋をしてその上に黒もじを人数だけ組み合わせて持ち出します。

黒塗りのかなり広いスペースへ、ぽっかりと据えられる生菓子の形姿と色彩には、おのずからなる品格を必要といたします。きんとんや、お饅頭など、いずれも腰高のまろやかな姿が似つかわしいのですが、不思議なことに、ただ一つの一人舞台であるため、今まで気づかなかった欠点や美点を浮き上がらせます。

人目につくようにとか、大きくお値打ちのあるようにとか、色彩を強くしてとか、とにかく売らんかなの心のみなぎったお菓子には、品位は望むべくもありません。

厳密にいうと、作る人の美的センスの高低が形姿となって現われるのですから、不思議というより、恐ろしさが先に立ちます。

ここのところの張りが足りない――もう少し立ち上がりをもたせてなど、という微妙なところで、品格の甲乙が決まるのですから、神秘なものを感じます。

物の形になぞらえる菓子に対して、大阪の鶴屋八幡《つるやはちまん》さんに家訓があるそうで、それは、尾《お》形光琳《がたこうりん》の筆になる松や菊や梅の、省略に省略を重ねた画風の写実をよく知り、それ以上の写実になっては食欲をさまたげるとの教示だそうですが、このことは料理にもいえることで、よい教訓だと感心いたしております。

栄太楼さんがスポンサーで、桜映画社で製作されたカラーの三十分映画「日本の菓子」に、桜映画社の村山さんから頼まれて、いろいろ菓子研究をやり、盛りつけなどをいたしましたが、最初に写るお菓子には是非とも伝統ある品位の高いものが望ましく思い、あれやこれやと苦心しましたが、ふっと頭に浮かんだのは、ずっと以前に、さる尊い御殿に参上して拝領したお菓子でした。

高坏《たかつき》へ敷かれた奉書に盛られた素晴しい色調のお菓子で、品格の高さに感激したことを思い出し、早速赤坂の虎屋さんに電話して聞きましたら、銘を更衣《こうい》と申し、虎屋さんの古記帳に、

安永四年四月十一日初而調達
一　更衣　　近衛様御銘
右ハ仙洞御所御用初五十五上ル

とあり、無理に願って作ってもらい、さて盛りつけに驚きました。

漆のいろいろの菓子器にも、陶磁器のあれこれにも納まってくれないのです。結局、杉木地の亀甲《きっこう》形の柾目《まさめ》の器に据えてみたら、ところを得たりといわんばかりに落ちつき、いやはや、お菓子の品位に器が負けることを知り、良い勉強になりました。

大納言小豆が主体となった楕円形の蒸し羊羹風の、古代むらさきとも御所むらさきともいえそうな二センチ強の厚さで、和三盆がうっすらとまぶされ、実に奥ゆかしい色調で、その気高さは、西行法師の「かたじけなさ」という歌趣そのままの感じであります。

　なにごとのおはしますをば知らねどもかたじけなさに涙こぼるる

伊勢大神宮の御祭を拝しての和歌ですが、心に響くもの、心を打たれるもの——それは伝統の中に脈々と流れる神秘さなのでありましょう。この歌は、普通、「おはしますかは知らねども」と誦されますが、『西行全集』『国歌大観』などに拠りますと、「をば」のようです。

すべて、ものの形の品格は、思いつきによって急に生まれるものではなく、長い歳月によって培《つちか》われ、長を取り短を補い伝承されてこそ——と、思われます。

とにかく、日本は恵まれた四季をもつ食の楽園で、われわれはしあわせな国に生活している喜びを喜びとして感銘し、日本の伝統を正しく守り育ててゆかねばならないと思います。

奈良朝以来奉仕し、東京へ遷都になった天皇に供奉して、江戸入りした京都の御菓子司、黒川の虎屋さんは、明治百年記念にふさわしい伝統を誇り得るお店でありましょう。

# うまい豆腐

深川の木場近くに住む叔父の家を訪ねたのは十四歳の春で、未だ江戸の匂いが色濃く残っていた大正の中頃でした。

京都から十時間近くかかった長旅の疲れを叔母が気遣って、早く床につかされたのと、はじめての東京——という興奮も手伝い、早朝に目が覚め、聞くともなしに聞いていると、納豆売りに豆腐屋、あさりやしじみの売り声にまじる往来の足音、階下ではおかかを削る音にはじまり、味噌を擂《す》る擂鉢《すりばち》のひびき、菜切り庖丁のリズム——と、京育ちの子供にとっては、なにかしら心地よい朝の交響楽でありました。

子供のない叔父は、毎日あちらこちらと名所見物に連れ出してくれたのですが、不思議と想い出されるのは、ご馳走になったかずかずの食べもので、半世紀近くも経った今日でも、その時の印象はあざやかです。

向島の桜餅、銀座の「天金」の天ぷら、「竹葉」の蒲焼、「駒形」のどじょう——とりわけ上野の「揚げ出し」の豆腐料理のおいしかったこと、子供心にも忘れかねています。

たくさんのお客さんを広間に迎え入れる、俗に「追い込み」という構えの大店で、不忍池が一望におさまる眺めには、大江戸の昔をなつかしく想い起こさせるに十分でしたが、戦後は、その名残りも見えません。

木綿豆腐の生揚げが素晴しい味で、豆腐というものはこんなにもおいしいものかと驚きました。「揚げ出し」は洋画家の小絲源太郎先生のご生家と伺いますが、昨年、田園調布のお邸でちょうど来合わされた組紐の生ける文化財・道明新兵衛さんと、ともども、昔の上野一帯の風物と美味を聞かせていただき、これもなにかのご縁だと嬉しく感じました。そして、美味は食べたら終り――でなく、真からうまいと感じた味は、終生、舌の片隅に残るものだと、味を商う稼業の責任を深く感じました。

その頃の豆腐は、塩から滴《したた》り落ちるニガリで作られていて、作る人の人柄がにじみ出るように、それぞれの店の豆腐の味に差があり、自慢にあたいする旨い豆腐がありました。戦後、全国的に豆腐はニガリを使わないで、俗にスマシ粉という薬品で作られるようになり、上手下手なくできるので味が均一化し、大豆の良品の得られぬことも災いして、味がぐっと落ちました。

ところが、こうしたご時世に逆らうかのように、日本産の大豆を使って、自分はニガリを使っておいしい豆腐を作るのだ――と頑張って、小形ではありますが、真からうまい豆腐を作っている人が、銀座の近くにおられます。

新豆が正月を越し、陽春を過ぎ、夏を越すにしたがっての大豆の乾燥度を考え、水加減や火加減にニガリの分量調節などが楽しみで――と稼業に誇りを持ち、昔風に毎晩ご用聞きにきてくれるのですから、有難さを通り越して感謝感激です。お子さんたちも親の意志を体して実直に働き、誠実によってこそ美味が生まれる——とばかりの精進をつづけておられます。

今どき稀な存在なので詳しく書いて、もし売れ行きが多くなり、大量生産の利潤追求だけの豆腐屋になって、味が落ちては困るので、新富町は西川屋の豆腐——とだけご披露しておきましょう。どうか日本の伝統の味を守り通してください。

（昭和四十二～四十四年「東京名物」連載）

# 味の今昔

# 真清水

　元旦の未明に初めて汲む水を若水《わかみず》といい、お茶人は白木を曲げた手付きの若水桶を毎年新調し、輪飾りをかけて、使い初《ぞ》めをいたします。

昔、宮中で年中の邪気を祓《はら》うため、包《つつ》み井《い》といって土用前に封じておいた井戸を、立春の早暁に開いて水を汲み上げ、朝餉《あさがれい》の御用に供された行事が、民間に伝わったのだそうですが、ともあれ、全国津々浦々にいたるまで清らかな水に恵まれた国土に感謝せねばなりません。

　湿度の高いせいでしょうが、日本人は入浴を好み、正義感とともに潔癖性の強い民族であります。

太古から禊《みそぎ》によって邪気を祓い、心身を清め、健やかな暮しを祈念した心が底に流れているのではないでしょうか。これとても、豊富な水のお蔭といえます。

　憂きことも嬉しき瀬にやかはるらむあすかの川の御禊しつれば　　千蔭

生まれるなり産湯の世話になり、死に臨んでの最後の一滴の水にいたるまで、わたくしたちと水とのつながりは深く、昔は心改まる敬虔な気持で汲み上げた若水に神宿ると信じ、それをいただくことによって若返るとまで信じられていたのです。

＊

秀吉が宇治橋の三の間にバルコニーのような出張った場を設け、中流から茶の湯の水を汲ませた故事は有名ですが、近江の豪族、堅田幽庵は毎朝下僕に命じて琵琶湖の中央に船を出し、茶の湯の水を汲ませたと聞きます。ある日、水の味が悪いと下僕をなじると、下僕は「寝過しまして岸辺の水を汲みました」と詫びたとの話が残っています。

幽庵が茶人としていかに優れていたかを窺《うかが》い知ることができますが、茶の湯に限らず、おいしい料理を作るには、まず良水を得ることが先決で、これができないと完全な料理を期することは無理であります。

現在では、水道の蛇口に簡単な器具を取りつけるだけでカルキ臭を取り去ることができます。料理のもとになる出し汁の理想は、昆布とカツオ節を使いながらも、その二つの味のいずれをも感じさせない別趣のおいしさを作ることであり、カルキ臭が漂ったりしては台無しです。

水の味は、含まれているいろいろな物質の割合によって決まるようですが、鮎の棲《す》む川の水は天然の水道ともいえ、おいしいこと請け合いです。昔から社寺の近くには必ず良水があり、築城の際にも水質を吟味したといわれています。

「枕草紙」に「心ゆくもの」として「よる寝おきてのむ水」とあり、雑念を離れ、静かに味わうときに真の水の旨味が会得《えとく》できるのでありますが、俗に「酔ざめの水、下戸知らず」といわれるのは、肉体の要求をみたす満足感がその旨さの大半を占めているようであります。

＊

分厚い鍋の水を火にかけると、熱くなるにつれて、水中に変化が起ります。はじめは小さな泡が立ち、幽《かす》かなシュルシュルと忍び泣きのような音を立て、それがシュウシュウからシュンシュンと喜びに似た音に変ると、泡が大きく強く立ち昇ります。

茶の湯の釜は、この状態が始まると、重い蓋のせいもあって、音色に品位が生まれ、それがあたかも海辺の松林を渡る風音に似ているところから、古来、松風の音にたとえられています。

台所の煮え音は、雑音に混って気づくことはないでしょうが、沸騰直前になると音も強く、水面がふくれ上がります。この、今まさに——という瞬間を煮えばなといいます。清し汁仕立はこの煮えばなを待って塩をぱらっと広くふり入れ、醤油を滴々とたらして、九割方の加減にし、素早く白地の猪口で眼をつぶって味見をします。

眼をつぶると、不思議と神経が口許に集まります。勘通りの九割方の味加減になっていたら、残りの一割の味を加え、すぐお椀によそい入れます。

加減をしてから沸騰させると、醬油味がくどくなるので、ガス火だったら火力を弱めますが、とにかく味の判断を素早くしなければなりません。迷いは禁物で、日本料理のむずかしさは、何といってもこの一瞬にあると思います。

# 餅搗き

古代人は、神さまのお力によって農耕ができ、米が実るのだから、まず稲を供え、お米やお餅を供えて人間の奉謝の心を表わし、神さまと同じものを食べることによって、神さまに近づきたいと念じていたようであります。

神事とともに、たびたび餅搗《つ》きの場面が見られますが、木の細い丸太で何人もの人が臼《うす》をかこんで搗きます。登呂遺跡出土の杵《きね》の握りの部分が細くけずられているものは、丸太の杵よりも後の知恵でありましょう。

今日一般に使われる杵は、ずっと時代を降《くだ》り、臼の形にしても、地方によって歴史の違いを物語っているようであります。

餅搗きの音は、台所の数多い音の中で一番陽気であって景気がよく、心地よい音であります。回数を多く搗きさえすればおいしい餅になるのではなく、手水《ちょうず》の量や搗き加減にコツがあって、家々の味に差が生まれ、食味の面白さが感じられます。おおげさにいえば、味の神秘とでもいえそうに思えます。

搗き上がった餅は、食べよく小さく丸めるのが自然の姿でありましょうが、神さまに供える形として鏡餅が生まれたと思われます。

餅を平たくアワビ熨斗《のし》のようにのばしたのを熨斗餅と呼び、これを食べよい形に切って雑煮に入れる地方もあり、雑煮は丸形の小餅にかぎるという土地もあります。

三椀の雑煮かゆるや長者ぶり　蕪村

ゆったり、のびのびした気分でいただく元朝の雑煮の餅は実においしいもので、健康である喜びを籠めて嚙みしめたくなり、また、嚙みしめることによって、更においしくいただけるのだと思います。そして、雰囲気がものの味を左右することをも教えられます。

かき餅は、ナマコのような形にまとめて薄く切り、干し上げたのを金網で火取るのですが、火取るの字そのままに、気長に両面に狐色の焦げ目をつけたおいしさは格別で、醬油をつけなくてもけっこうなおいしさであります。

いつも、焼魚を火にかける店の者に、焦げ目を美しく焼き上げるのは焦げ味という味つけなのだ、と、かき餅の例を引いてきびしく申しつけております。

ところで、かき餅の語源ですが、昔、武家では、鏡餅を食べよくするのに、町家のように刃を入れて切ることを嫌い、乾燥した鏡餅のひび割れを欠き取ったための欠き餅だとの説があります。いかにも、武家の風習らしく、もっとものことと思われます。

搗き上がった餅を更にもう一度蒸して搗くと、いっそうなめらかな口触りとなり、かたくなるのがおそく、伊勢神宮のお土産の赤福餅も二度蒸しだそうであります。

年頭に、嘉例として天子様の御料となり、参内の人たちへも配られると聞く菱葩《ひしはなびら》は、室町時代から伝承された点心《てんしん》としての餅菓子であります。

二度搗きの餅を直径十センチ余の円形に薄くのばし、小豆汁の紅色餅も同様に薄くのばし、菱形に切って重ね、その真中へ煮詰めた白味噌と、やわらかく味噌煮した細い開き牛蒡をのせ、二つ折りにした優雅な姿でありますが、現在は焦げ目がつかないように、餅を火取って用いると聞きます。

宮廷が京都にあったその昔は、天正時代から今につづく、川端道喜という御所に近い名家が調製したものだそうであります。

＊

「おはなびら」とも「包み牛蒡」ともいわれて、古式の、砂糖のなかった時代を偲ばせます。

牛蒡は、宝暦十二年刊の「懐中食鑑《かいちゅうしょくかがみ》」という本によりますと、「毒なし、常に食して大きに良し。野菜の内にて良きものなり。労瘧《ろうぎゃく》、風毒、足弱きに良し。腹の張るをへらし、手足を健やかにす」とあります。

西洋医学伝来までの「上薬は日常の食べ物にあり」とする、もっぱら食養生を考えた時代の書でありますが、今もって牛蒡の薬効には変りはありません。

そして薬効よりもさらに大切なことは、大根やニンジンとは異なり、牛蒡の肌色が土そのものであり、芳香を持ち、滋味の中に土を思わせる美味を秘めている点であります。日の御子のめしあがる年頭の食に、大地の恩を忘れじ、とされる御心が籠められているのではないか、と拝察したいのであります。

## 大豆の効用

豆という字は、高坏《たかつき》のように高くて据《すわ》りのよい祭器の形から生まれたといわれており、普通、豆といえば大豆をさします。青い枝のままの大豆をエダマメと呼び、また田畑の畔に植えるのでアゼマメともいい、現代では枝ごと茹でずに、莢《さや》をもぎ取って茹でるので、サヤマメと呼ぶ地方もあります。

戦後は大半の野菜が真の旨味を忘れ、ただ高価に売れる促成栽培に走り、枝豆もその例にもれずに初夏の頃から出廻りますが、真の旨さは豆明月《まめめいげつ》（旧暦九月十三日）といわれる頃が最高です。

枝豆を喰へば雨月の情あり　　虚子
枝豆やこんなものまで塩加減　　魯山人

食通らしい句を残されましたが、塩加減がよいと、ついつい食べすぎるものであります。大豆はすでに「古事記」にみえるほど歴史が古く、畑の肉とたたえられます。毎日の食事に欠くことのできない醬油や味噌をはじめ、豆腐、湯葉、納豆など、いずれもが大豆から生まれる美味で、大豆の恩恵を忘れることはできません。

故谷崎潤一郎先生が『少将滋幹《しょうしょうしげもと》の母』に筆を染めていらしたある日、先生直接のお電話で、煎った大豆を酢に漬ける料理についておたずねがあり、そのとき恥ずかしいことに確《しか》としたご返事ができず、ただただ先生の探究心の深さに恐れ入ったのでありました。

このこと以来、料理人は食べものについての勉強をもっともっとしなければならないと覚悟を決め、その後、お蔭さまで幾冊かの本を書くことができました。

思えば、先生と大豆がえにしの糸口であります。

*

京都市の東北にそびえる比叡山の延暦寺は、伝教大師最澄の開基で、法然、親鸞、栄西、道元、日蓮などの偉大な宗祖を育てたお寺であります。

中興の祖である慈恵大師は、元三《がんざん》大師とも角《つの》大師とも尊称される高僧で、康保三年（九六六年）に座主となり、天暦の大火で灰燼《かいじん》に帰した堂宇を、座主としての二十年間に堂塔楼閣の面目を旧に倍して一新され、数々の業績と奇瑞を残された名僧であります。

聞くところによりますと、お母さんが師の幼児の頃、勘を育てようと大豆を投げ与える遊戯をつづけられたので、少年期には飛んでくる大豆を箸でつまみ取られるようになったとの逸話が残っています。

比叡山の麓、雄琴町の千野は、大師の老母が余生を養われた地で、「ご一緒に暮していると思っていただき、私は山の端の寺に灯明《とうみょう》をかかげますから、母公《ははぎみ》も軒先の灯籠に『あかし』をお入れください。お互いが『みあかし』を見て無事を喜び合いましょう」と、親子の情を灯明に託されたそうで、千野の古名は乳母《ちち》といい、安養院として旧跡が残っています。

取材の用事で、織物で名高い結城《ゆうき》市へ行った折、はからずも土地の古老から、下野《しもつけ》の国一帯に平安朝から伝承されている大豆を使った行事食をことこまかに聞きました。そして元三大師は「おみくじ」の創始者であり、角大師のお札《ふだ》が各宗を通じて正月に用いられる、との逸話を教えられました。

＊

大豆を煎って箕《み》にうちあけ、一升枡の底を押しつけてゴリゴリと回して皮をむき、箕を上下にあおって皮を吹き飛ばします。

大根を粗くおろすときの、鬼おろしと呼ぶ分厚い竹製の道具で、たくさんの大根おろしを作り、汁も一緒に使います。

正月の塩鮭の頭を残しておき、細かく切り、鍋底一面に並べ、その上に節分の残り豆を煎って用い、大根の全部と小角切りのニンジンをふり入れ、酒粕を細かくむしって並べ、落し蓋をしてコトコトと煮はじめます。煮つまってくるにしたがい、伝統の旨さが生まれてきますが、更に細切りの揚げ豆腐を混ぜ入れ、塩か醤油でお加減して、鍋のまま一夜を越させます。このように多種類を一緒に煮込んだものは、すぐには食べずに一晩おくと、不思議な旨味が醸《かも》し出され、一段とおいしくなるものです。

初午《はつうま》が近づくと、栃木県一帯へ東京から塩鮭の頭ばかりが貨車で送られてくるそうで、今もって行事食が盛んであることは、各地で郷土料理が忘れられつつある現在、まことに喜ばしいことと思われます。

初午の前夜に煮ておき、農家ではワラ苞《づと》に包み込み、稲荷の社前に供え、おさがりを家族一同でいただくのです。いい伝えによれば、七軒の家の「しもつかり」を食べると中風にかからぬとか……。

下野《しもつけ》の「しもつかり」だとも、また歯に凍《し》みつくばかりの旨さゆえの「しみつかり」だともいわれますが、とにかく、物の冥加《みようが》を重くみて、廃物を活用する生活の知恵であり、宗教の力によって伝承されたお国料理であります。

# 海の恵み

大昔は、食用となる海草を「め」と呼んだらしく、ワカメ、カジメ、ヒロメ、アラメ、スジメなど、現在でもそう呼ばれています。

ヒロメとは、幅広いめという意味の昆布であり、ワカメは新しいやわらかいめを意味しています。

本州の南端、下関につづく平家ゆかりの壇の浦を眼前にして、九州の北端に和布《め》刈《かり》神社が鎮座されております。「和布」と書いてめと読ませるところに、古いお宮であることが知られ、和布刈と題する能楽は、この神事の有様を詳しく物語っています。

神殿の前から海中にまで届く石段があり、和布刈の鎌を片手にした神官が降りて行くと、その刻限に海水が開き、海底のワカメを刈り取って神前に供えることができるという不思議な神事であります。そして同時刻に、対岸の一の宮神社においても同様の神事が行われると聞きます。

関門海峡は直線距離二キロメートルぐらいの、潮流の急なところです。おいしくやわらかいワカメは、波おだやかな海とは反対に、潮流渦巻く鳴門海峡や太平洋の荒波に洗われる伊勢、さらに対馬海流が強く当る能登などの外海に産します。これは海流によってワカメの葉軸がもぎとられ、つぎつぎと新しい芽が生まれるためであります。

総じて、海草の根は養分を吸収するためにあるのではなく、岩や海底に付着するためのもので、土中に根をのばす植物とは異なり、海草自体が軸や葉から養分を摂りながら成長するのです。

＊

海草は日本人にとって貴重な食べものです。西洋や中国の料理にはほとんど登場しない海草がなぜ日本料理には欠かせないものであるかを、栄養学の川島四郎博士はつぎのように述べておられます。

「日本は火山列島で、太古に噴出した火山灰の層が土中に充満しており、濃淡の差はあるにしても、関東平野にも九州の平野にも石狩平野にも沖積層や洪積層がある。地球の内部から噴き出したものには、カルシウムが少ない。ところが、イギリスには火山が全くなく、カルシウムでできている国であり、イタリアは別としてフランス、ソビエト、ドイツ、ポーランドなども、土地そのものがカルシウムの多い土質である。従ってその土地にできる農作物のすべてにカルシウムの含有量が多いのである。」

栄養分析の結果、ワカメを焼いた灰の中には驚くほど多量のカルシウムが含まれていたと聞きます。

ワカメは日本の沿岸のいたるところに繁茂しており、何百種類もの海草がありますが、これは太古に流れ出したカルシウム質が充満しているせいではないでしょうか。毎年、栄養白書が「もっとカルシウムを摂るように」と指摘しているのを、馬耳東風と聞き流してよいとは思えません。

＊

神話の国、出雲にも海草は多く、中でも岩盤に広く繁茂する十六島《ウップル》海苔は珍しく、松平《まつだいら》不昧《ふまい》公が茶道の十徳（短い羽織）に仕立てられたとの逸話も残っていて、懐石には珍重される美味であります。また、出雲名産の板ワカメは、平たくのばして板のように乾燥させたもので、熨斗《のし》ワカメとも呼ばれます。

過ぐる年、一泊した松江大橋畔の宿は、宍道湖《しんじこ》の水が窓辺に寄せる、風雅閑寂の趣きを持つ家作りでした。早朝、窓を開くと眼下に白魚舟が見えます。

朝食時になると、まず、宣徳火鉢が持ち出され、その火鉢がすっぽり隠れる、方形で背高の和紙張り助炭《じょたん》がかぶせられます。初めて見る助炭を仔細に観察すると、炭火はごく弱く、約三十センチほど離れた上に、これも和紙張りの抽出しがついており、中に熨斗ワカメが五、六枚納めてありました。

さすがに、風流茶人不昧公の城下町だと感じ入り、出雲なまりのお給仕で楽しく箸を執りましたが、そのワカメを手に取ると、火取り加減は上乗で、ぽりっときれいに割れ、ほのかな磯の香が漂い、軽い歯触りと自然そのままの淡い旨さに、風情溢れる美味を満喫しました。さらに、両掌で揉んで御飯の上にふりかけ、煎茶をたっぷり注ぎ、さらさらといただだいた味も忘れられません。

いただきながら、出雲ワカメにまつわる南北朝の悲話を思い出し、「つまみ御料」の美味に想いをいたした次第です。

# 板御神酒

酒蔵の多い西宮、灘、伊丹、京の伏見などに新酒の香りがたちこめる二月になると、酒の粕《かす》が酒屋、八百屋の店頭に顔を出します。冷凍した一年前の酒粕は早くから売られますが、一年待った楽しい味には及びもつきません。

塩鰤や塩鮭の頭や骨を煮出して濃味な出し汁を作り、酒の粕をたっぷり溶き入れ、細切りのニンジン、大根、牛蒡、コンニャク、椎茸、揚げ豆腐を一緒に煮込んで、やわらかく煮えたら醬油だけでお加減して、お椀に盛り、芹のこまごまを一つかみ混ぜていただく熱つあつのおいしさは、底冷えのする京のご馳走です。

酒の粕は、板御神酒《いたおみき》という古風で優雅な別名があります。

昔の板御神酒は清酒の匂いが漂い、そのままを金網で焼いて、砂糖を少々つけて食べると顔がほてり、体があたたまる感じでした。

ところが戦後の酒粕は文字通りの粕で、よくぞこれまで絞り切れるものだ、と機械力の強さにむしろ感心させられます。

しかも、近頃の酒粕は、粕汁を吸い切った後味にいやな甘味が残るので、アルコール分の仕業だろうと思っていましたが、もし甘味添加のための薬品を使っているせいでしたら、どうかこれからは素直な清酒を作っていただき、ふくよかな艶《つや》っぽい肌の板御神酒を見せてほしいものと念願いたします。

板御神酒を食べよい短冊形に切っておき、天ぷらの衣を濃く溶き、塩加減をした中にドボンと漬けてうちふり、良い油で揚げ、ヨモギの若葉も同様にして揚げて、どちらも揚げたての熱つあつを賞味してください。

季節の乙な珍味としておすすめできるおいしさです。

# 雪間の草

雪が消えると間もなく萌え出るヨモギは、昔からその薬効を尊ばれ、悪疫を祓うと信じられてきました。

雛祭の菱餅に入れたり、草餅や草団子にして愛好されるので、モチグサとも呼ばれますが、五月の節句には菖蒲《しょうぶ》と一緒にたばねて屋根にあげ、悪病除けにする地方もあります。

ヨモギは特有の芳香を含み、葉裏は白い産毛《うぶげ》のようなもので覆われています。のびきったヨモギを乾燥させてから揉むと、葉肉は粉になって飛び散り、あとに綿毛だけが残ります。これがお灸に使われるモグサで、よく燃える草、あるいは揉み草の意味であります。そしてさらに、モグサに朱の粉を加えて油で練ったのが印肉であると聞きます。

室町時代以前はサシモグサといったそうで、その燃えやすいところから情炎にたとえられ、有名な古歌が残っています。

かくとだにえやは伊吹のさしもぐささしも知らじな燃ゆる思いを
ただたのめしめじが原のさしもぐさ我れ世の中にあらんかぎりは

摘んだヨモギはすぐしおれてしまいますが、水につけておくと生き返ったようにぴんと張りがつきます。

布巾に挟んで水分を取り、天ぷらの衣をやや濃いめに溶き、塩加減をしてヨモギの葉裏にべったりつけて揚げ、ぱりっと揚がったところをめしあがってください。苦味がぐっとおさえられ、春ならではのおいしさになります。

＊

「万葉集」の志貴皇子の歌に「石《いわ》ばしる垂水《たるみ》の上の早蕨《さわらび》の萌えいづる春になりにけるかも」とありますが、うららかに晴れた日に、若草の間を縫いながらのワラビ狩りは楽しい行事であります。こぶしをもたげたワラビの優しい姿に、造化の神のいたずらならん、とほほえましくなります。

ワラビの真味を味わうには、温暖な土地ではなく、雪に埋もれて春を待ちかねる奥州地方の、茎が太くてねばりのあるワラビにかぎります。

木灰をふりかけ、熱湯をたっぷり注いで蓋をしておき、冷めるのを待って水洗いをすると素晴しい色艶になり、やわらかくなっています。煎《い》りたての胡麻をざっと摺り、純良の生醤油と混ぜ合わせていただくおいしさは格別で、甘ったるく煮たものなど足元にも及びません。

春になると、ワラビの他、ウド、ゼンマイ、ツクシ、フキなど、茎のものが多く出廻り、いずれもほろ苦い味を持っています。

うらやまし歳の若さの独活《うど》嫌い　許六

淡い味の中からさぐり出す滋味は、満腹即美味——といった食欲旺盛の年齢では摑みにくいだろうと思います。

しかし、ふとした時、濃厚な調味のつづいた後の淡い自然味に、おやっと思うおいしさを感じる機会があるもので、それは人生の苦難の中から見つけ出す一摑みの幸福感に似ております。

＊

食味の嗜好は昔から十人十色といわれ、その是非を論じることはできません。しかしながら、年齢によって、その嗜好が徐々に変ってくるのは事実でありましょう。

少年期までは、フキを好んで食べる大人たちの味覚を疑い、フキは苦いもの、まずいものだとして、食べるどころか見るのもいやだった記憶があります。それが中年期からは、春を待ち望んで毎日のように食べ、塩昆布と一緒に炊いてたくわえておくようになりました。

フキのどこがそんなに旨いのか——と問われて、歯触りの心地よさと香りにまじるほろ苦さが自然に同化しようとする肉体的要求の旨さだ——と、今では答えています。

つまり、日光の陽明門の美しさしか理解できなかった者が、歳とともに伊勢神宮の簡素なたたずまいをすがすがしい美しさと感じられるようになったようなもので、このことは人生の不思議といえるでしょう。

茶祖利休居士は、茶道の心と美を、「新古今集」の三條西家隆卿の和歌によって示しておられます。

花をのみ待つらん人に山里の雪間の草の春を見せばや

# 浜の栗

千葉県富津の砂浜は防波堤のように細長く、東京湾に突き出ています。十年ほど前、その外海の波打ち際に、かわいいアサリ貝が生きたまま無数に打ち上げられているのを見ました。「貝寄せ」という季節風の仕業とのことでした。松林近くに浜防風《はまぼうふう》が点々と芽を出しているのを見て、何か厳《おごそ》かな感じに打たれました。

町には袋入りのインスタント食品が山と積まれているご時世に、人気のない太古の昔にかえったような波音だけの静寂境にわれを忘れてたたずみ、大自然は絶えることなく、こんなに天与の食を恵んでくださるのだ、とありがたく思い、貝塚の昔に想いをいたしました。

食あってこその生命ですから、原始人は、何はさておき食を求める明け暮れで、漁法は知らなくても、また耕作によらないでも、海の幸、山の幸に恵まれた当時は、食の楽園だったことでしょう。

もっぱら生食だった人たちも、やがて焼くことを知り、貝殻で煮ることを考え、草の実や木の実にも食べ飽き、ウサギを捕えて味を知り、つぎには石を研《と》いで矢を作り、弓を使うことを覚え、釣糸をたれるだけでなく、網を考え出して……と、だんだん獲物は大きくなったのでしょう。貝塚から五百種にもおよぶ貝殻が発見され、一緒に魚や獣の骨もいろいろと発掘されております。

原始人の人口は少なく、国土は広く、自然食だけでけっこう楽しい生活ができたのですから、かわいらしい桜貝や宝貝など、珍しい貝は山地の人たちとの物々交換にはことのほか喜ばれ、それがいつしか財貨の用をなしたのだそうです。南洋の原始的な種族は、今も貝貨を使っていると聞きます。

『漢字雑話』に、「貝（ばい）は上代の貨幣也。貝の象形にて〓に作る。其れが〓となり、〓となりて遂に今の形に変じた。貨幣の貨（クワ）の字は、化と貝の合文。貝貨を以って物を買へば変化極りなく、我より与ふる貝貨が、我が好む所の何物にも形を変（化）へて我が手に帰する」とあります。

日本の周辺だけでも六千種といわれる貝殻の造形美は、見れば見るほど神秘的な美しさを持っております。

尾上柴舟先生の歌集より一首。

堆高き小貝を前に火を焚けば原始の人となりぬわれらは

*

雛かざる古き都のありさまや　青邨

昔は、内裏雛《だいりびな》の飾り道具や雛膳のお椀のいろいろで女の児を遊ばせながら、着物のたたみ方やお膳に置き合わすお椀の約束を教えたのだそうで、江戸中期享保の「昔々物語」に「三月は雛遊びとて、雛を飾りて食事を調え、諸道具を飾り、草餅を雛のほかいに入れ、白酒は錫に入れ、小蛤をたくさん……」と記されております。

桃の節句と貝類は、何のご縁か必ず使われます。ハマグリの吸いものにアカガイとワケギの酢味噌和《あ》えは欠かせない雛料理で、淡水のシジミも登場いたします。もともとアワビ以外のすべての貝は、初夏から盛夏にかけてが産卵期なので、ちょうど三月前後が貝類の一番おいしい時期といえましょう。

滋賀県の瀬田川のシジミも桃がふくらむ頃になると、貝殻の黒ずんだ色が黄金色をおびて輝きはじめるのですから不思議なもので、身は肥え、味も増します。

雛祭のご馳走は、ままごと遊びのような膳椀にふさわしく、かわいくて華やかなものが約束で、たまご巻も蒲鉾《かまぼこ》も小形に美しく作りますが、今のように立派な雛飾りが流行したのは江戸時代以後のようで、宝暦時代の句には「はまぐりは雛に対してむかし椀」とあり、ハマグリの貝殻をお椀の代用にしたようであります。

＊

平安朝にはじまる遊戯に「貝合わせ」という優雅なものがあります。古道具屋さんでときたま見かけますが、ハマグリの貝殻の内面に彩画を密かに描いたのがその道具であります。蝶番《ちょうつがい》のそばにある歯は、くぼみの方が陰、高い方が陽と陰陽になぞらえ、和合の象徴として雛料理をはじめ、お祝事の献立に用いられます。

幾百千のハマグリであっても、歯の合い口に個々の違いがあり、ぴったり合うのは一つだけで、それを合わせる遊戯であります。

西行法師に貝合わせの歌があります。

いまぞ知る二見の浦のはまぐりを貝合せとて覆ふなりけり

三角形の姿が、山の栗に似ているところから、浜の栗と洒落た名を与えられたのでありますが、古代からたくさんの伝説を持つハマグリは、上品なおいしさとねばっこい後味を持っております。

貝の持っているねばっこさが、生まれてしばらくすると貝殻を作りはじめるのですから、自然の妙技とでも申せましょう。

内海のハマグリはやや横長で、貝殻が薄く小振りで、肉もやわらかく美味であります。外海のハマグリは肉が硬く、貝殻も分厚く堅牢なので、九州日向の海の大ハマグリからは、碁石が作られるそうであります。

二つの貝を打ち合わせて、鮮度の良し悪しを聞き分けます。生きた貝は金属音に近く、反対に濁った音のするものは不良品ですから、食べてはなりません。

昆布の一切れと一緒に、よく洗ったハマグリを水に沈めて火にかけ、口が開くのを待ち、塩加減をして、すぐお椀によそい入れ、和布か神馬草を少し添え、祝の粉のひとふりでいただくのが、潮汁《うしおじる》であります。

胡椒は、香味料というその名のごとく、クセ味を消しながら美味を添えてくれる名脇役であります。好みで淡口醬油の一、二滴をたらしてもけっこうですが、お加減が最も大切なポイントであって、やや控えめに仕立てるべきで、水準を越した塩分は邪魔になります。

＊

越えかねて巌をめぐりぬ春の潮

の古句のように、越すか越さぬかでおいしさが分れます。

「東海道名所図会」に「東富田、おぶけ両所の茶店に火鉢を軒端へ出し、松毬《まつぼっくり》でハマグリを焙《あぶ》り旅客をもてなす、桑名の焼蛤とはこれなり」とあります。

また、アメリカの海岸の名物料理に、チェーリーストーンと呼ぶハマグリに似た貝の磯蒸しがあり、浜辺に浅い凹みを作り、火を焚いて石を真赤に焼き、その上へ薄く海草を着せ、すぐ貝を並べて海草で覆い、頃合いに取り出し、レモンをたらしたおいしさは格別だった、と坂西志保先生から教えていただきました。

新鮮良質なハマグリは、蝶番を切り取り、金網で焼き、煮汁が吹き出したら布巾で小皿に移し、橙をたらして覚味するにかぎりますが、洋の東西を問わず、貝類は原始的な食べ方が最も賢明な、美味求真の本道であります。

# 竹かんむり

物の形からできた象形文字の代表のような「竹」には種類が多く、細かく分類すれば何百種にも及ぶそうです。

京の周辺には竹藪が多く、嵯峨野《さがの》の景観のひとつにも藪があり、天竜寺の前の通りを清涼寺の方へ歩み、左へ折れると昼なお暗い竹の密生した藪道になります。いかにも嵯峨野らしい静かな竹落葉の道で、しばらく行くと黒木の鳥居小柴垣《おしばがき》で有名な、伊勢神宮にゆかりのある野々宮の社《やしろ》の素朴な神域に、俗塵の洗われる思いがいたします。

竹は、生命力の盛んなしるしとして、天の岩戸でアメノウズメノミコトが小竹を手にして舞ったとの故事以来、神事にはよく用いられ、四方に竹を立て縄で区切りをつけた場所を神聖なところとする風習もあり、「縄張り」の語源ともなっています。

竹製のザルやカゴは、すでに縄文時代に作られていたとのことで、昔の厨《くりや》道具の大半は竹だったらしく、また、茶道においても床にかける花生《はないけ》をはじめ、茶杓《ちゃしゃく》や茶筅《ちゃせん》、柄杓や蓋置にいたるまで、素直な竹の美しさと清らかさとが活用されています。

笠、竿、筵《むしろ》、筒、笛など、竹冠の字が多いのを見ても、私どもの身辺にいかに竹製の道具が多いかがわかりましょう。

竹は土中の地下茎に生まれる若芽が筍となり、やがて竹となるのであって、その生長は驚くほど早く、その速さは詩経や礼記に「旬内に筍となり、旬外に竹となる故、字旬に従ふ」と記されています。そして上に伸びるだけでなく、地下茎は縦横に伸び、地上の境界線をくぐり抜け、思わぬところへ筍が現われるので、しばしば隣人との争いが起り、古い狂言の演材ともなっています。

筍を食べすぎるとニキビや吹出物ができる人があって、それは筍の生気が強いからだといわれていますが、さて生気とは栄養学で簡単に分析できるものではないようであります。

越後の歌僧で奇行の多かった良寛には、自室の床下に首をもたげた筍を思うままに伸ばしてやりたいとて、床板をはずし、屋根板を取り払ったという、有名な逸話が残っています。

竹の子や稚なき時の絵のすさび　芭蕉

筍はかわいいながらも竹としての装いをととのえており、竹の皮となるもの、軸にあたるもの、そして根の部分はやや固くしまっています。

一般に筍として喜ばれるものは孟宗竹《もうそう》で、やわらかく、味も優れています。孟宗の出廻った後に破竹《はちく》が出ますが、地上に伸び上がってから収穫されるので、別趣の歯触りと味を持ち、それより遅れて出る真竹は、竹材用として収穫した余分のものが売られるので、量が少なく、味も落ちます。

＊

京都の筍は、なぜこんなにやわらかく味がよいのかと、たびたび質問を受けますが、それには生産者の人知れぬ数々の苦労がかくされているのです。いわば手塩にかけるとでもいえる心の加わった美味で、まず竹藪の整理された美しさに驚きます。

筍のための竹林は、嵯峨野のような伸びるにまかせた藪ではなく、二メートル以上も間隔をあけるため邪魔な竹は切り払い、竹の梢を折り取って、筍に成長力を少しでも多く与えようと配慮し、寒中に土を深く掘り起し、肥料を十分に与えます。

藪中の土をやわらかくして掃き清め、春を待つのですが、他人には足を踏み入れさせません。お彼岸が過ぎる頃になると、地面に筍の胎動で亀裂ができますが、竹の枝を目印にさしておき、いよいよ亀裂が大きくなり、筍が首を出そうとする直前に、亀裂の大小によって土中の筍の寸法を察知して、一メートル近くも離れたところから二メートルもあるトビグチのような特殊な長い棒状の鍬《くわ》を斜めに打ち込み、地下茎から筍を切り離します。

長年の手練と勘によるとはいえ、筍だけを見事に地上へと掘り出しますが、下手な者が打ち込むと、筍の中心部に突きささり、筍を台無しにしてしまいます。

この掘りたての筍を、すぐ皮をむき、輪切りにして、普通の平らな鍬を火にかけ、油を塗って両面を焼き、十分に熱の通ったところでおろし大根を添え、醤油をかけて食べると、煮た筍では味わえない旨さが楽しめます。

味噌汁の月山《がっさん》筍《だけ》のかをりかな　楸邨

笹筍は、総じて春の遅い東北地方に味の良いものが多く、地方によっていろいろに呼ばれますが、スズタケの名づけは、昔奈良の大台ケ原山の修験者《しゅげんじゃ》が山を上り下りする折に、一面においい茂ったスズタケの堅く鋭い葉で手首や衣の上に篠懸《すずかけ》を羽織ったからだそうであります。

# さくや姫

百花の魁《さきがけ》をなす白梅や紅梅に上代の香りがありとすれば、咲き匂う満開の桜には桃山時代を想わせる絢爛《けんらん》たる雰囲気があります。

桜の花弁《はなびら》の可憐な色合いと薄絹のような肌触りに、絵巻物にみる高貴な美女の被衣《かずき》の羅《ら》（薄い織物）を想わせるところから「咲く羅」が語源だとも、木花《このはな》之《の》開耶《さくや》姫《ひめ》のサクヤからの転訛だともいわれています。

桜の便りを耳にするようになると、春たけなわを感じさせられますが、南国鹿児島と北国青森とでは咲き初《そ》める月日に約一カ月半の大差があり、南北にのびるわが国の緯度の違いをあらためて教えられ、料理においても気候風土の大きく異なる地方地方にそれぞれ順応する調味が必要であることを知らされます。

世の中は三日見ぬ間のさくら哉　蓼太
さま〴〵の事思ひだす桜かな　芭蕉

爛漫《らんまん》と咲き誇る風格はわが国を代表する花にふさわしく、特に山桜は容姿といい、あでやかな色香といい、高尚優雅の一語に尽きます。そして、その散り際のいさぎよさは「花は桜木、人は武士」と男性的な譬《たと》えも残っております。

昔、関西では、四月の婚礼をさし控えたものですが、それは、あまりにもはかなく散る桜を連想してのことと聞きます。しかしその一方で、関東には婚礼のお座付に、四季を問わず、桜の塩漬を浮べた桜湯が用いられる風習があります。

紀貫之の歌に、

桜よりまさる花無き花なればあだし草木はものならなくに

とあり、百花の王とたたえられる桜花にあやかり、めでたきものとするしきたりでありましょう。熱湯を注ぐだけでゆかしい香味が生まれる重宝なもので、いかにも日本的な風味であります。

＊

八重桜ともぼたん桜とも呼ばれる桜の、中開きの花弁を摘み取り、梅の白酢に漬けて、頃よく漬かったらザルに上げて陰干しにし、乾燥させてから塩まぶしにして保存したものが桜漬であります。

梅干を作る折に、一旦塩漬にすると梅の水分が滲み出てきますが、これが梅の白酢で、この中に桜花を漬けておくと、色あせることなく艶よくあがるのです。

江戸文政十三年版の「嬉遊笑覧《きゆうしょうらん》」に「近ごろ桜花を塩漬けにして、素湯《さゆ》を入れて飲む」とありますが、桜漬はもっと古くから作られていたように思われます。

桜漬を少量の水に浸して塩味をやわらげ、引き上げて水気を絞り、サヨリやキスの一塩細作りと一緒にして、おろし大根を二杯酢で加減したものでまぶし和《あ》えると、洒落た風趣の酢のものとなります。

また浅草海苔を丹念に火取って二つに切り、竹スダレの上に据えて、白御飯を手前から三分の二のところまで拡げ、中央へ塩出しした桜漬を一文字に並べて巻き込み、五つか六つに切ってすぐにめしあがってください。淡い味の中に秘められたおいしさと、ほのぼのとした後味に残る梨花の香りが楽しめます。

須磨寺に止《とど》まる春や桜漬　(古句)

＊

江戸の風味を伝える向島の桜餅は、さすがといえる味わいで、五感に桜を感じさせてくれます。

戦前までは、隅田川の土堤の桜並木はみごとな大樹が蜿々《えんえん》と連なり、すばらしいの一語に尽きる花見風景でありました。

木 の も と に 汁 も 鱠《なます》 も 桜 か な　　芭蕉

長命寺の門番だった初代新六が、葉桜となった若葉を酒樽に詰めて塩漬にしておき、慰み半分に取り出して餅を包み、桜餅と名づけて売り出したのが、享保二年（一七一七年）のことであります。

もうこれ以上薄くは作れないとおもわれる薄皮が花弁《はなびら》のようで、口にする前に香りが漂い、心地よい歯触りの後味に長く尾をひく移り香は、控えめな小豆餡の甘さとともに、名物桜餅としてその名に恥じぬおいしさであります。

花 よ り も 鼻 に あ り け る 匂 ひ か な　　守武

## 葱《そう》花《か》輦《れん》

満腹になると、味加減をみるのにも料理を作るのにも気合が入らず、よい料理は作れません。料理人はいつ何時でも味加減をたしかめ、味の良し悪しを判断できるようでなければならず、それには空腹と満腹との中間の状態にあるのが理想なのです。

おもえば因果な稼業ですが、そのかわり、朝食と夜八時頃の夕食とはゆっくりと楽しく、落ち着いて味わいます。そして、昼食は午後二時前後のソバで腹加減を調節する——といった塩梅《あんばい》であります。

そのソバですが、銀座の真只中で野趣味の深いものを望むのは無理とはいうものの、それでも関西のものよりは不思議と味がよく、ウドンが関西の方が優れているのと好対照をなしております。ただし、東京には薬味とする青葉の葱がなく、色彩的に物足りなくて、時には関西の青葱が無性に恋しくなります。

葱は、主役を助ける名脇役であり、葱によって味の引き立つものが数多くあります。ソバやウドンはもとより、親子丼、ねぎま鍋、それにすき焼に牛鍋など、いずれも葱が脇役をつとめておりまして、この葱がなくなったら、食生活はさぞ淋しいものとなりましょう。

＊

禅宗の寺の門の脇に「葷酒《くんしゅ》山門に入るを許さず」との石碑が立っています。葷とは臭気の強い野菜のことで、ニラ、ニンニク、葱、ラッキョウなどを指し、さらには生臭い魚介類や、肉類をも意味します。山内ではもとより禁酒であり、仏道を修めるには精進料理でなければならない——という表示でもありましょう。

しかし、仏教伝来以前のわが国では、葱を大切な薬食として尊んだことが古書にみえています。

葱花輦《そうかれん》は鳳輦《ほうれん》に似ているが、頂上に葱花を置いたもので、葱が邪気を払うことで用いられたのである——という意味のことが書かれ、さらに「神武、応神、仁徳諸帝の御製に葱、韮のこと多く詠じ給へるにても知るべし」また「親王宣下の時、参内以前に、葱の根を噛み砕き、四方に息を吹いて参内し給ふ故実ありしとぞ」など、葱の故事は枚挙にいとまがありません。

さて、その葱ですが、霜の降りる頃からぐっと味がおいしくなり、ねばりを多く持ってきます。

一寸切りにして金網でじっくり焼き、練り味噌やもろみなどを少量添えたり、キャビア、塩ウニ、イカの黒漬などを添え味にして賞味しますが、この焼き葱には、関東の白根葱が適しています。

関東の土壌はご存じのようにローム層と呼ばれる火山灰土で、この特殊な土壌が野菜にいろいろな影響を与えています。

特に葱においてその影響は大きく、土中に隠れている部分は段々と太くなり、味わいもよくなるのに、地表に出ている青い葉はかたくて食べられません。

一方、ローム層のない関西では、葱の青葉はやわらかく、師走の頃に刻むと切り口からねばりが滲み出てきます。このまま使っては味が強すぎるので、布巾に包んで水中で揉み洗いしてから使いますが、例えば麺類の脇役として、太いウドンの歯触りをやわらげる役目をつとめてくれます。

こうしてみると、土壌と野菜との関連に、今更ながら思いを深くせざるを得ません。

あさ風や加茂の川原の洗ひ葱　大江丸

＊

「き」の一字はいろいろなことを表わします。酒の白酒《しろき》、黒酒《くろき》、神酒《みき》などの「き」で、自然の天地の運行も「き」と呼びます。また、呼吸の生気も「き」、万物を生育する天地の精気、元気の「き」、さらに気差《きざ》す、芽萌《きざ》すなどの「き」もあります。

野菜の臭気のあるものは、「き」に通じて強い気力を持ち、つうんと鼻を衝くところを古人は尊んだのでしょう。葱《ねぎ》、分葱《わけぎ》、浅葱《あさつき》、玉葱《たまねぎ》など、いずれも「き」の名残りをとどめております。

また、あさぎ色、もえぎ色という色がありますが、これらは本来、浅葱色、萌葱色と書くのが正しいということです。

このあさぎ色を浅黄色と書く例が江戸時代の川柳にみえておりますが、浅黄色とはどんな色なのか長年心にかかっていました。その川柳では、一時流行し、すぐに流行おくれとなってしまった浅黄色の羽織裏を、それとも知らず一着におよんで参勤交代に江戸へやってくる野暮な侍のことを浅黄裏と呼んでいるのです。

しかしやがて「葱の根と青葉の中間色、白くもなく青くもなき故、浅葱なり、中世あやまりて浅黄と書きしなり」という記述で、長年の疑問も氷解しました。

ともあれ、葱はわたくしたちになじみの深い野菜であります。身近なものゆえ粗末に扱われがちですが、根も葉もすべてを大切に活用していただきたいと思います。

葱は、その匂いによって、大地から芽生える生気を表わし、教えているものでありましょう。

葱の香の琴よりゆかし片折り戸　（古句）

# 香魚

奥多摩で獲れた生きた鮎は、独特のアユ桶に入れて天びん棒でかつぎ、その頃日本橋畔にあった魚河岸へと、青梅街道を夜通し運ばれたそうですが、中野坂上から新宿の角筈《つのはず》あたりへかかると、一段と声をはり上げて唄をうたい、鮎を狙う狐や狸を警戒したとのことです。今の新宿の繁昌振りからは想像も及ばぬ、雑木林つづきだった明治の初期の話であります。

鮎は水をたえず動かさないと浮いてしまうので、アユ桶に波をうたせながら威勢よく、駆けるように通り過ぎていきます。

「もう、とっくに鮎が通ったよ、早く起きなさい！」と叱られた頃の「味」を、さる翁はちゃきちゃきの江戸弁で語ってくれましたが「近頃は腹わたを抜き取った鮎もあり、頭をそろえた氷詰めの鮎を見ると情なくって……」と嘆いてもおられました。

戦前までは、京都の縄手通りや木屋町筋に生け鮎専門の問屋があり、昔はやはり、天びん棒でかつがれて保津川の鮎が届きましたが、自動車便になってからは、車上にアユ桶を並べ、若者たちが木杓子で水を掬い上げ、上からジャアジャアと音高く水をかけつづけての運搬でした。

川魚の女王とまでいわれるだけに、鮎は色も姿もスマートの一語に尽き、六月になると問屋の大きな水槽に清楚な姿をたくさんみせていたものでした。

鮎を選り分ける名人といわれたおじさんが、十五、六歳だったわたしに、「おいしい鮎の見分け方教《お》せたろか……」といい、「鮎を握ったとき、脂肪が多いとぬるぬるとするし、腹が小さくてよく肥えた鮎は、手ごたえで分るもんや。やせてる鮎は味ないにきまってるで」と、親切に鮎を握らせてくれました。

＊

飛ぶ鮎の底に雲ゆく流れかな　　鬼貫

食卓塩や食塩と呼ぶきれいな細かな塩では、鮎はおいしく焼けません。並塩か粗塩を炮烙《ほうろく》か清潔な鉄鍋で少し煎ると、結晶がほどよい細かさになります。

生きた鮎を串に刺し、すぐ濡れ布巾を固くしぼって鮎の水気を拭き取り、塩を両面へパラパラと上の方から満遍なく振りかけ、すぐ火にかけますと、ぐうっとそり返ると同時に、ヒレがぴゅうと広がります。

火力は備長という固い炭にかぎりますが、河原で焼くときは、枯葉を使っても焼けます。鮎に熱が浸透していくと、ものすごいほどの脂肪が滲み出て、食欲をかきたてるような香りが立ちはじめます。

菜種鮎と呼ばれる四月頃までは貪食《どんしょく》で、いろいろなものを餌としますが、思春期にあたる五月頃からは岩苔のプランクトンを好んで食べ「石垢になほ食ひ入るや淵の鮎」と去来の句にあるように、岩苔以外を餌としないのに、不思議と上品な素晴しい脂肪を持ち、盛夏第一の美味を誇り得る鮎となります。

ところが九月が近づくと、皮肌が固くなりはじめて子をはらみ、十月には産卵のために川を降り、年魚の名にふさわしく、はなやかにしていさぎよい一生を終る、まことにあわれな魚であります。

落鮎の身をまかせたる流れかな　子規

＊

ところが、時代の進展は鮎の生活を根本的に変えました。養魚法の研究が盛んになり、餌を求める苦労を知らぬ鮎が多くなりました。

稚魚はもっぱら琵琶湖の北方、雪まじりの水に育ち、氷魚《ひうお》と風雅な呼び名もありますが、その後成長して旅行に耐える頃になると、酸素の力を利用した袋詰めの水と一緒に、九州や四国をはじめ、全国に輸送されて谷川へ放流され、その何割かは養魚場へも送られます。

渓流に放たれ鮎は集団生活をはじめ、不意に闖入《ちんにゅう》する鮎をきらい、撃退する習性を持っているところから、囮鮎《おとりあゆ》を使って釣り上げます。生きた鮎の鼻のところに釣糸を通し、釣針も一緒につけて投げ入れます。

横ざまに囮に挑み鮎釣らる　友二

それは集団生活の餌である岩苔を確保したいがための闘争であって、そんな闘争の連続で成長する鮎は、眼光鋭く、頭は小振りで、精悍そのものであります。

それにひきかえ、養魚場に育つ鮎は餌の心配がなく、のんびりムードで成長しますので、おだやかな顔つきで、腹部は大きく、脂肪が多いわりに肉はしまっておらず、味わいはぐっと落ちます。

同じ故郷の稚魚も、成長に伴う餌によってこれほど味がちがうものかと驚くばかりの変りようであります。

総じて、鮎は塩焼きの熱つあつに、緑色のタデの葉を摺りつぶしたタデ酢をかけていただくにかぎります。舌をさすようなタデの辛味が、鮎の味を引き立てます。

手足の長いタコとちがって、イカは足が短く、さぞ不自由だろうと思っていましたが、秋田県男鹿《おが》半島の先端で、その短い足が見事に役立っているのに驚きました。

素晴しく大規模な回遊式のガラス越し水族館で、いろいろの魚族の生態を見ることができましたが、とりわけ、ヤリイカが十本の足をぴったり横にそろえ、まるで一枚の舌が動くように上下に動かし、方向舵の役目を務めているのはみごとでした。そして、その白金のような半透明の細長い姿態をぴゅっとのばし、三角形の大きなヒレで水を切り、しゅうしゅうと横に走るスマートな泳ぎぶりは、いろいろな魚族の泳ぐ中で、女王さまのお通りといった感じでありました。

イカの種類はまことに多く、日本の近海だけでも八十余種を数えるそうですが、沿岸の浅いところのイカは石灰質の分厚い甲羅を持ち、肉も厚く、周囲の色彩に応じて体色を変化させることができます。

深いところに棲むイカは肉が薄く、透明なやわらかい甲羅を持っております。

カラスが海中の魚を捕ろうとして急降下するのを、イカは手先を海面に少し出して待ち受け、瞬間的な早業でカラスを海中へ引き入れ、餌とするところから、烏に賊と書くのだといわれますが、一説には、それはこじつけで、烏の濡れ羽色といわれる黒い色と、イカが腹中に持っている墨色との関連によるとのことであります。

その墨汁は、大魚に襲撃されたとき、武器を持たないイカが遁走するために噴き出すもので、その煙幕に乗じて雲がくれするのだそうです。

この墨汁はなかなか乙な味で、生イカを細く切って混ぜ、塩加減をした黒作りは、黒漬とも呼ばれる塩辛で、酒客に珍重される富山名物であります。また、イカの墨で作られたのが、セピアのインクだと聞きます。

俎《まな》板《いた》に下手が破りぬ烏賊の墨　月斗

＊

立山連峰の雪解け水が、黒部川、常願寺川、神通川、庄川、小天部川と、五つの急流となって注ぐためか、扇形に湾入しているのが、富山湾であります。その上、幾度かの断層作用によって陥没したらしく、海岸からすぐ深海へとつづいているそうであります。

雪解けの寒冷な水と海水との温度差によって現われるといわれる蜃気楼《しんきろう》も、富山湾の特殊な地形によって生ずるのでしょう。

富山県の滑川《なめりかわ》から魚津にかけての深海に育つホタルイカは、五センチぐらいのかわいいイカで、蛍のような光を放ちます。

産卵のために、四月から五月にかけて浮上してくるホタルイカを前日に網を張っておいて捕えるのだ、とかねがね聞いていましたが、百聞は一見にしかずと、先年出かけました。

夜中の二時の迎え車で滑川の港に着きましたが、暗夜にかかわらず大勢の人が浜につめかけ、やがて、五、六隻の船に分乗しました。

海に弱くて、暗夜の荒波に心細く、命がけの心地の二十分が過ぎ、ようよう現場らしいところに近づくと、すでに漁船が網を揚げはじめているらしく、ぼうっと船影が現われました。やがて、漁船を取りまくように見物の船が寄り集まる頃、網をなおも引き寄せ、たぐり寄せます。

網の中に、ごちゃごちゃとホタルイカがいっぱいで、それを大きな手網で掬《すく》い上げようとすると、それまで黒ずんでいたイカが一斉に世にも不思議な光を放ち、それは薄青い静かな光で、この世のものとも思えぬ悲しそうな輝きであり、哀れな光でもありました。

まぼろしの光とや申せ蛍烏賊　　嘉一
蛍烏賊つぎつぎ櫂《かい》にもつれつつ　　迷人

ぐっと船を近づけ、手にとったイカの可憐さが幻の光の明滅の下にはっきり見え、何かを訴えるかのように感じられました。と、瞬間、漁船に電灯がつき、幻は消え、無数のイカは掬い上げられ、漁船の中へと落ちて行くのでした。

夜の白む頃、帰路につき、その新鮮なホタルイカそのままと、塩茹でしたものとを眼前にして、辛子酢味噌や生姜酢で賞味しましたが、いつもと違って、幻が頭に残っていたのか、もう一つ舌鼓を打つ気にはなれませんでした。

ホタルイカは大正十一年に天然記念物に指定されましたが、足の先端や目の周囲に発光器をたくさんもった、不思議なイカであります。

*

備前、備後といわれた岡山の瀬戸内海一帯で、紅イカという五センチたらずのイカが獲れます。岡山弁でベカともベイカとも呼ばれていますが、頭と思われている胴の中に子がいっぱいに詰っていて、飯蛸同様であるところからの、米烏賊《べいいか》だという説もあります。

鮮度のよいのを塩茹でして、木の芽和《あ》えにしたり、調味汁でさっと煮上げて桜煮にすると、紅イカの名に背《そむ》かず鮮やかな色艶となります。このイカも旬があるので、その季節でないと新鮮な美味に恵まれず、何回目かの備前行きでやっと味わうことができました。

昔、東京湾内でも、まれに獲ることのできた小さな「シイカ」は、江戸なまりの火烏賊の意味で、ベイカとちがって、子がないかわりに内臓の墨汁が多く、しゃれた美味だ、と通人に聞きました。

いずれも、砂泥地に生まれる極小のイカでありますが、近頃の沿岸の汚れで全滅するのではないかと案じられます。

しかしながら、公害で騒ぐ必要のない大きなイカが、日本列島の外海のいたるところで獲れます。それが加工乾燥されて五島スルメとなり、北海道スルメとなって輸出までされているのです。

スルメの足はナスの丸炊きに相性がよく、どちらもおいしく煮えてくれます。

## 夏ならでは

太陽の恵みによって生長した六月からのキュウリは、香り高く、味わい満点で値段が安い上に、季節の蒸し暑さを忘れさせてくれるさわやかな美味を持っています。

甘いモロミをつけて、雪の夜に青臭いだけのキュウリをめしあがる方もいらっしゃいますが、一年待った六月からのキュウリの味を噛みしめて、季節はずれの高価なまずさを思い出すのも無駄ではないでしょう。

新幹線の下りが琵琶湖の流れにかかる瀬田の鉄橋を渡り、すぐトンネルに入り、それを抜け出てつぎの東山トンネルに入るまでの、狭く南に開けた土地を山科《やましな》と呼び、昔はここに山科キュウリというやわらかな薄緑の白い粉を吹いたおいしいキュウリがありました。

毎朝八時頃になると、山科のおっさんがキュウリとナスを売りにきてくれましたが、そのまま塩もみして齧《かじ》ると、皮肌があるかなしかのやわらかさで、水気が多くて種子はなく、素晴しい香りを持ったキュウリでありました。

戦後、このキュウリが姿を消し、毒々しい深緑のキュウリが幅をきかし、皮が固くてトゲがあり、香りは淡く――と、まことになげかわしいかぎりであります。

知人のさる農産物の先生を訪問して、まずくなった理由を聞き、温厚な先生に似合わぬ答に驚きました。それは、作る人、運ぶ人、売る人の喜ぶキュウリへと品種改良がなされているのであって、決して食べる人の喜ぶキュウリ——つまり、おいしいキュウリへの品種改良ではない、ということを知ったからであります。

しかしながら、賢明な先生のこと、遠からず食べる人の喜ぶ品種改良に転換されるだろうと思います。このままでは、学問が進めば進むほど生産力は高まるけれど、肝腎《かんじん》の美味という大切なものは、だんだんと退化していくように思えてなりません。

キュウリとナスは、日本のきびしい夏の食味を楽しいものにしてくれる屈指のものでありますす。昔の山科のおっさんのように、「うちのキュウリは、よそのキュウリよりおいしいのが自慢どす」と、誇らしげにいえるように日本中のキュウリがなってほしいと念願します。

## 生々流転

わが日本列島は、位置するところが、よいのでありましょうが、適度の雨量によって、良質の水が全土に恵まれている倖せな国柄であります。

最近の汚水問題は、都市周辺や工場に近いところから、山間部にまで農薬禍が広がり、永劫に休むことなく生々流転をくりかえす水の不思議にも一抹の不安がつきまといます。

日本料理の成り立ちは、まず、良水が豊富であることが第一条件であります。刺身や酢のものなどの生食も、昆布とカツオ節で作る清《すま》し汁も皆、良水のお蔭でありますが、その水の恩恵を感じている人は、いたって少ないのではないでしょうか。

室町期の通人は「一に山水、二に秋の雨水、三に川水、四に井水」と順位をつけ、道を遠しとせず、茶の湯の水の名水を汲みに行ったという記録が残っており、太閤秀吉も宇治橋から急流の水を汲み上げる場所を作っております。たしかに山肌から滲み出る水のおいしさは格別で、山葵《わさび》の香りというものは、清冽《せいれつ》な山の水の結晶のような思いがいたします。

海抜八百メートル以上の山間を、段々畑のように作った山葵田《わさびだ》一面に渓流を引き入れ、日本独特の山葵は作られます。

年間を通じて水温に変化のないように、水中にハンの木を二メートル間隔に植えます。ハンの木は春に葉を広げることが早く、初夏からの太陽を防ぎ、初秋になると早く落葉して太陽の直射を与える——といった、山葵にとってはまことにありがたい木でありますが、このように水中に耐える木は他に見あたりません。

小石が山葵の根をおさえて並び、チョロチョロと静かな音をたてて流れる清らかな水と、小鳥の声だけの静寂境が好きでよく出かけますが、太古に火山だった山岳地帯の水質が適しているのか、不思議に山奥の温泉境によい山葵が採れるのであります。

＊

獰猛《どうもう》な大魚、サメの皮肌は、俗に「サメハダ」と、餅肌の反対に譬えられるように、強靭《きょうじん》でザラザラと気味悪いものですが、それを引き延ばして乾燥させ、小板に張りつけたおろし板を、伊豆の湯ケ島で発見しました。

これで山葵《わさび》をおろしますと、陶器や金属のおろし器では望めない、粒子の細かいおろしができて、揮発性の香味はより高く匂い、味わいは深くなります。

このサメ皮のオロシ板は、二十年ほど前、伊豆・湯ケ島温泉の宿の刺身皿に、小指ほどの山葵と一緒に添えてありました。それ以来、板を大判に依頼して作って貰い、愛用しております。

小深い皿にねっとりおろした山葵を多めに入れ、冷蔵庫で冷やした濃口醬油を少しずつ注ぎ、米酢を五パーセント落してよく混ぜ、どろりとした山葵醤油を作ります。

氷水につけて十分に冷やした蓴菜《じゅんさい》をザルにあけて水気を切り、ガラスの鉢に入れて卓上へおきます。小形の網杓子で掬《すく》い、山葵醤油にまぶして舌の上にのせますと、ピリリときいた山葵の香りと、冷たい蓴菜との相性はすばらしく、日本の美味ここにあり、の感がいたします。すするようにして、つるっとすべり込ませる楽しい感触は、知る人ぞ知るの珍味であり、隠れた美味であります。

蓴菜は、古名を「ぬなわ」と呼び、沼の縄のように地底にひろがるの意味だと聞きますが、五月頃から新芽が伸びはじめます。古池でないと育たない植物で、蓮の花が古来、「泥の中にも……」とたたえられるのに似て、泥中に育ちながら美しい姿であります。

旅人に遠く唄へりぬなは採り　蛇笏

蓴採る一舟沼にかたむきて　としを

おろし柚子をふりかけ、つるつるうっと味わう冷や素麺《そうめん》のおいしさも、溶きがらしのきいた酢醤油をからませた心太《ところてん》の旨さも、嚙むことよりもその大半は舌の上から咽喉にいたるまでの、そのえもいわれぬすべる味というか、触れる快感につながるようで、別趣の心地よさによる美味であり、昔の人は咽喉越しの美味と申しました。

このような時は、味覚に先立って嗅覚が敏感に働き、いささかの異臭をも逃してはくれません。ところが、今もって水道のカルキ臭がただよう心太を売る店があり、それが売れる世の中なので、いささか嗅覚が退歩したのかとも思われます。もともと心太は、素朴な美味であり、野趣味を味わうものですから、山の水で作り、峠の茶屋などでいただくのが本来の味でありましょう。

奥嵯峨の去来の別宅、落柿舎《らくししゃ》に足をとどめた芭蕉翁が、近くに住む門弟の野良の家におもむき、心を籠めて冷やした心太のもてなしに、痛く感じ入っての即吟は有名であります。

清滝の水くみよせてところてん

口にした時の、さわやかな感触から、咽喉をくぐり抜ける瞬間の快美感を与えてくれる、奥の奥といった微妙な神経の感応が、美味の最後の頂点と申せましょう。モズクの生姜酢、京の葛切《くずき》り、博多のおきゅうと、素麺なども、総じてこの「すべる美味」に属します。この関門を通りすぎると、とりかえすことはできず、その意味でいかなる些細な異物も、異味、異臭をも通すまいと、全神経がここへ集中するのでありましょう。

この絶妙な人体構造の不思議を、日頃ありがたいもの、尊いもの、と感謝しております。

# 武奈伎

ウナギは、古代から薬食《やくじき》として愛好されていたようで、「万葉集」の大伴家持《おおとものやかもち》の歌「石麻呂にわれもの申す夏やせによしといふものぞ武奈伎《むなぎ》とり召せ」は、あまりにも有名です。武奈伎とは、胸のあたりが黄色味をおびているところからのムナギであり、それがいつしかウナギに転訛《てんか》したものと伝えられています。

山城の宇治は風光明媚なところとして知られており、琵琶湖に発した流れは激しく、宇治川の先陣争いでも名高いところです。そこに育つウナギは泥臭味がなく、おいしいものですが、このウナギを割《さ》いて焼き、塩加減の御飯に酒をふりかけて押しずしにしたものを「宇治丸」と呼び、名物にしていたと古記録にみえます。

ウナギの蒲焼の語源は、長い竹串をウナギの口から尾へ突き刺して塩焼にした姿が、あたかも蒲《かば》の穂と似ているところからの命名だと伝えられています。

ともあれ、蒲焼の匂いは高く、サバやサンマの哀愁的な匂いとちがって、旨さがそのまま運ばれてくるような香りであります。

うなぎの匂いが　鼻から腹へ
真一文字の　すきっ腹　（都々逸）

＊

関東と関西とでは、同じ料理でありながら調味や調理法において好対照をみせる料理がいくつかありますが、ウナギを使った料理もそのうちの一つであります。

まず、開き方ですが、関東では背から開くのに対して、関西では腹から開きます。腹から開いた関西のウナギは背の中央の切り口によって、割き方の上手下手がはっきりします。先年、ウナギ割き専門三十年という職人さんの腕前を拝見しましたが、庖丁の切り先が背の皮肌すれすれまで届く鮮やかさには驚嘆しました。こうした割き方だと、焼き上がったウナギの真中の溝が深く、ふっくりと盛り上がった肉が美しく、一見しておいしそうだとわかります。

また、焼き方にも違いがあります。

関西では、尾頭がついたまま串に刺し、時間をかけて中火でじっくりと白焼をしてから、かけ醤油で焼き上げますが、関東のはいわゆる蒲焼で、切り身にして串を打ち、白焼の後、蒸しにかけ、それからタレをかけて焼き上げます。

このような料理法の違いの原因を長年考えてきましたが、結局のところは、ウナギそのもの持つ味わいの違いに尽きると思います。

平野がひらけ、大河がゆるやかに流れ、ところどころに大小の沼がある関東に育つウナギには、川魚特有の泥臭味があり、この臭味を抜くために蒸すという方法が考え出されたのです。

それにひきかえ、関西は山が海に接近した地形が多く、早瀬に育つウナギには泥臭味はありません。したがって蒸しにかける必要はなく、昔は地焼を十分にしてから皮肌に熱湯をかけてやわらげ、つけ焼にしたものでした。

どちらも、ウナギの美味を追求する知恵であります。

＊

現代のウナギはほとんどが養殖ものです。餌の臭味もなく、完全に近い飼育法によって、全国的に味は均一化し、ただ焼き方の違いだけが各地の習慣として残っているにすぎません。その焼き方にしても、大半は蒲焼であります。

天然もののウナギは、育った環境に支配されて、色合いや脂肪、さらに持ち味に大差があって、昔は時期によって産地を変えて選ぶのが「通」だといわれたほどです。

持ち味が平均化した現代のウナギではありますが、専門のうなぎ屋さんの風格により、店それぞれにかなりの味の違いがあるのは事実です。

この違いは、焼き方、蒸し方、つけ焼醤油の調合法などがその店の味となってあらわれるのですが、つまりは、ウナギの持ち味を尊重して、蒸しすぎず、また調味過剰を避けることに尽きるようであります。

その土地土地の風習からくる好みもありましょうが、蒲焼のタレは甘ったるいのが特徴だとして、味醂と醬油の「同割」を固守している店もあります。

すべて自信に裏づけられた調味なのですが、肝腎なのはウナギの個性の美味を覆い隠してしまってはならないということです。

ウナギは、白焼におろし山葵を添えて淡口《うすくち》醬油や塩でおいしく食べられることを考え合わすと、甘ったるいばかりが蒲焼の値打ちだとは思えないのであります。

# 葛叩き

東京の神田祭、大阪の天神祭、京都の祇園祭の三つは、数多いお祭の中で、日本の三大祭といわれております。

悪疫退散を祈る祇園祭は暑いさかりのお祭で、祇園囃子の響く鉾《ほこ》の巡行は内外の人を喜ばせますが、さらに宵宮の賑わいは大層なもので、昔は各家の店先に自慢の屏風《びょうぶ》をひきまわしたので、一名屏風祭とも呼ばれました。四条通りは電車も自動車も通行止めになり、長刀《なぎなた》鉾にはじまり、船鉾にいたるたくさんの鉾囃子に酔ったかのような人波で埋まります。

約十五年前、東京八重洲口に新駅ができ、その中の百貨店の催しで、駅前中央に京都から月鉾が運ばれ、終日、祇園囃子がはやされたことがありました。今とちがって八重洲口も静かだったので、見物人も多く大賑わいでしたが、ある日、鉾を見上げながら泣いている老夫婦があり、聞けば鉾町のお生まれで、祇園囃子の笛上手といわれ、巡行もされたとのこと。「東京へきましてから、まだいっぺんも京都へ帰ったことがないのどす……」という話でした。

百貨店に店を開いた時でしたので、失礼ながらと、店へ請じて鱧《はも》ずしをあがってもらいました。さすがにお行儀のよい老夫婦は、ふるさとの味を久しぶりに賞味できる——という嬉しそうな食べ方で涙ぐんでおられる様子に、商売冥利《みょうり》ともいえる感激を味わい、陰から見ているこちらまで胸のつまる思いでありました。

祇園祭に、鱧は切っても切れないご馳走で、どんな家でも年に一度のお祭には、鱧のつけ焼に茶碗蒸し、それに赤飯はつきものであり、あこがれのご馳走でした。

淡泊な夏らしい鱧の持ち味には、つけ焼が一番ぴったりした料理ですが、その皮肌に御飯をのせ、布巾でしめて棒状に作った鱧ずしは、また格別の風味であります。

京見物の思い出に宝井其角が、

飯《いい》鮓《ずし》鱧 な つ か し き 都 か な

と、句を残しているほどの、かくれた京の旨いものの一つであります。

＊

魚扁に豊と書いてハモと読ませますが、鱧はウナギやアナゴのような「長いもの」で、豊かなおっとりした魚と思いきや、反対に攻撃的な貪欲な魚で、胴体を活発にくねらせるためにか、肉の中に無数の小骨がたくさんあり、大きな口には鋭い歯が並んでいます。

もっぱら嚙むことが闘争の武器になるらしく、嚙むが食《は》むとなり、転訛してハモとなったのだそうです。

人口に比して、魚が豊富だった昔は、鱧は蒲鉾《かまぼこ》の材料でありました。出刃庖丁で肉をしごき取り、残った小骨のついた皮をつけ焼にして売り出したのが、「はもの皮」で、巧みな廃物利用と申せましょう。

上司小剣《かみつかさしょうけん》作『鱧の皮』は、明治末期から大正へかけての大阪の商家を題材にした小説であります。

事情があって東京へ行ってしまった、道楽者の夫からの便りの末尾に、「鱧の皮を御送り下され」と書いてあり、夫の好物を思い出して、さまざまに乱れる妻の心理をひしひしと感じさせてくれる情景が描かれています。

そのお文という妻が、音信不通だった夫への心遣りで、鱧の皮を送ることにする一節に、

「道頓堀でまだ起きてゐた蒲鉾屋に寄つて、鱧の皮を一円買ひ、眠さうにしてゐる丁稚に小包郵便の荷作をさして、それを提げると、急ぎ足に家へ帰つた。三畳では母のお梶がまだ寝付かずにゐるらしいので、鱧の皮の小包をそつと銀場の下へ押し込んで……」

とあり、また、便りのきたときの情景に、

「鱧の皮の二杯酢が何よりの好物だすよつてな。……東京にあれおまへんでな」

とか、

「『鱧の皮、細う切つて、二杯酢にして一晩ぐらゐ漬けとくと、温飯《ぬくめし》に載せて一寸いけるさかいな。』と、源太郎は長い手紙を巻き納めながら、陽気なことを言つた」

などと、たびたび鱧の皮が登場し、大阪弁が上手に使われています。

皮についた小骨を毛抜きで抜くか、ハサミで切り取り、金網で火取ってから、小口に細く切ります。揉《も》みウリに混ぜてもよし、また、加減をした調味汁へぱっと入れてかき混ぜ、すぐ御飯の上に着せかけ、刻みシソの葉と針生姜を混ぜながらいただくと、洒落た味の御飯となります。

＊

鱧とタコは、海水からあがってからも長く活力のある魚なので、交通不便な昔でも、京都へ十三里離れた大阪から運ばれてきても鮮度が落ちず、海のない京都に鱧料理の名手が生まれ、骨切りという技術が発達しました。

水洗いした鱧を開いて、皮肌のヌメリを庖丁でこそげ取り、俎板《まないた》の手前に、横一文字に密着させます。

庖丁を真直ぐに皮肌まで切り込み、しかも皮を切らずに、できるだけ薄く平行に切り、小骨の存在を感じさせないようにするのが腕の見せどころです。一寸を二十四に切った名人がおりましたが、土生姜や大根だったら紙のように切れても、やわらかい鱧の肉は軽くおさえても動き、容易には切れないもので、その上シャリシャリと小骨の切れる心地よい音が立つぐらいで、かなりの力も必要とします。

同寸で平行に切るコツは、心に動きがあってはならず、勿論、無言で庖丁のリズムにひたりきる、といった心境が大切であります。

骨切りが終ったら、すぐ、片栗粉か吉野葛《よしのくず》を粉にして、切り口全部に叩き込むようにまぶし、必要以外の粉を左の掌に打ちつけて払い落します。この叩きつける動作が、鱧の葛叩きといわれるゆえんでありまして、すぐ、塩加減の湯のたぎったところへ、皮肌を上にして落し入れます。

この瞬間、ぐっと葛が固まり、湯へ滲み出ようとする鱧の旨味を遮断するのです。いつも、よく考えた料理だ、と古人の知恵に感心いたします。

やわらかく煮えたら掬《すく》い上げてお椀の真中に据え、くだ牛蒡と浜チシャを添え、清し汁をたっぷりよそい入れ、柚子を吸い口にして懐石の椀盛にいたしますが、淡泊な中に秘められたおいしさが、夏ならではの喜びを感じさせてくれます。

# 片思い

中国古代伝説の神農帝は、わが国のイザナミノミコトにも比すべき祖神といわれ、種々の事績を残されました。「神農本草経《しんのうほんぞうきょう》」という薬の書もその一つであります。

それによりますと、薬を上中下の三つに大別して、直接病気を治す薬を下薬としてさげすみ、保健、栄養、養精などを神薬と呼んで中薬、そして上薬とは身の養いとしていただく日常の食べものだとし、いずれも百余種類を教えています。約三千年余の昔に、すでに生命の基礎を明示され、まことに驚くほかありません。

興亡の歴史は古今東西を問わず、いずれも国を興《おこ》す努力が実り、やがて太平を迎えると、権力横暴の世となるようです。秦の始皇帝は万里の長城を築いた偉人でしたが、後宮三千といわれる阿房宮をつくり、寵臣徐福に命じて、東海に不老不死の霊薬を求めさせました。徐福の塚が紀州熊野の新宮に残っていますが、霊薬とはアワビであろうと伝えられています。いずれアワビやフカのヒレを乾燥して本国へ送ったのでしょうが、始皇帝の死によってか、ついに日本に帰化して帰国しなかったそうです。

人生の目的は食べることにあり、とする美食家の多いフランスに対して、養精、補精の食べものの多い中国料理に、燕巣、魚翅、銀茸、熊掌など、透明に近いゼラチン質のもので、なめらかな舌触りを喜ぶものの多いことは面白く、コトコトやわらかく煮込んだアワビにも、これに通ずる趣きがあります。

伊勢の蜑《あま》の朝な夕なに潜《かず》くてふあはびの貝の片思ひして　　笠女郎

アワビやアカガイのように、二枚の貝が相合うのでない一枚貝の悲しさは、万葉の頃から片思いになぞらえられておりますが、天下の美味を誇り得るアワビに対する岡焼き半分の片思い説でありましょう。

それを証明するかのように、婚礼料理にアワビを敬遠しながら、結納目録には、必ず末広一対、熨斗《のし》一連と書き添えます。

熨斗は、今も伝承される伊勢神宮の神饌《しんせん》であります。アワビを紐状に長々とむいて乾燥させたものがはじまりだそうです。太古の贈物のすべては食べものであった遺風を伝えるのがアワビ熨斗で、現代においても、食べもの以外に熨斗をつけ、反対に食べものには熨斗をつけないのが正しいのであります。

アワビは生貝《なまがい》と呼ぶくらいに鮮度が大切で、肉を指で押してすぐ反応を示すものを選ばねばなりません。

黄味がかった肉を貝から放し、横二つに切って両面に塩をふり、強火にかけた金網で半生程度に焼き、柚子かレモンをかけて、熱と香りを逃さずに食べてください。

青味がかった肉はエンを切り放し、二センチ角に切って氷水に浮かせ、生姜酢やキモ酢でいただくと、コリコリと歯触りが心地よく、二つながら太古につながる日本の美味を感じます。

海草を主食とするアワビのキモは、暗緑色で、海草のエッセンスそのものですから、塩茹でだけでけっこうおいしく、また、生のまま塩たっぷりにまぶして壺に貯えておくと、酒肴《しゅこう》の珍味として素晴しい塩辛になります。

水貝や海の風吹く膳の上　冠太子

＊

裸女こそは神のつくりたもうた傑作の美だといわれますが、現代とちがって公然と裸女を描くことのできなかった江戸期では、浮世絵の大家はアワビ取りの海女《あま》を題材にしています。とりわけ喜多川歌麿《きたがわうたまろ》の「江の島鮑取りの図」は有名で、微妙な線で美女を艶に表現していますが、現実の海女は大変な労苦を重ね、命がけでアワビ取りをします。

江戸期に発刊の「日本山海名産図会」には、「……鮑採りには必ず海女を以てす。これ女はよく久しく呼吸をやめて保てるが故なり。船にて沖ふかく出づるに必ず親属を具して船をやらせ、縄を引かすなどす。……若き者は五尋、三十以上は十尋、十五尋を際限とす。皆逆に入つて立泳ぎ、海底の岩に着きたるを、ヘラをもて不意に起し取る。その間息をとどむることしばし、尤も朝夕に馴れたるワザなりといへども、出でて息を吹くに、その声遠く響き聞えて、実に悲し」とあり、原始的漁法であります。

海鳥に似し口笛やあはび取り　葎人

＊

大自然が育てる生きものを獲るため、太古から人間は知恵をしぼり、種々の漁具を作りましたが、現在にいたっても爆薬の力を借りる以外、そう大きな進歩はみられません。四つ手の網で小魚を獲ったり、竹竿の手法も恵比須《えびす》さま以来で、得がたいところが楽しみのようです。

座右の書として拝読する大谷光瑞師著『食』（昭和六年刊）に「貝類の如きは、その運動緩慢なるを以て、漁夫の殲鏖《せんおう》する処となる。アワビの如きは重要水産なりと雖《いえど》も……濫獲の結果、最近著しく減少し、而《しか》も小形なり。政府は厳重に禁漁区を設くると共に、養殖場を各所に設置し、これが回復に力《つと》めざるべからず」とあります。

実に四十年前に先見の明ある御説であります。

# 法然院

洛東、銀閣寺の山つづきの南に、法然上人にゆかりの深い法然院という、萱葺《かやぶき》門のある、こぢんまりした寺院があります。

河上肇博士や谷崎潤一郎先生その他有名人の奥《おく》つ城所《きどころ》があり、観光コースからはずれている上に、院主の俳人如是師の信念で、みだりに人を入れず、実に静寂そのもので、心の塵が洗われる思いのする境内であります。

さらに、本堂の本尊の前の、広い板敷は磨き上げられて茶っぽい光沢を放っていますが、その上に、毎朝季節の花だけを二十五菩薩になぞらえ、二十五花が散華されております。冬から春は椿を、梅雨の頃はあじさい、秋には菊をと、点々と二十五花がところを得て散らしてある雰囲気は、一瞬、多忙の身を忘れさせ、反省の場としての尊さを感じさせます。

このあたりは、昔は鹿《しし》や猪が出たところらしく、鹿ガ谷という地名で、戦前まではカボチャ畑が多く、鹿ガ谷特有のカボチャができました。凹凸が多くて皮は固く、大振りの瓢形で、下段は大きく胴がしまり、どっしりと座りがよく、まるで落語に出てくるわけ知りのご隠居然としたカボチャでした。ところが煮えると案外皮もやわらかくなり、肉と皮との歯触りの違いに、えもいわれぬ旨さを持っていました。

皮ごと大切りにして、空鍋に入れて火にかけると、徐々にカボチャの水分が滲み出て、ひとふりの塩か醤油をたらすだけで、水も入れず、砂糖も入れなくても結構なおいしさにしっとりと煮え上がるのでした。

未だに、鹿ガ谷カボチャを思い出す時がありますが、悲しいかな、戦後にその姿は消えてしまいました。

ものの美味を忘れて量産に走る時代は過ぎたようです。どうか農家の方々、誇りをもって、味自慢のできるものを作ってほしいと念じます。

戦時中の物資不足をご存じの方は、カボチャだけの配給がつづいたので、カボチャに対していいやな思い出が多いと見え、昔のご婦人の好物だった、イモ、タコ、カボチャの声価も多少は下落したようですが、今もって支持者もあり、新種のカボチャの売れゆきは悪くないようです。

うらなりの青き南瓜ものこされし山の畑に霜いたるらし　　結城哀草果

カボチャは、昔から「ひねかぼちゃ」といわれるように、日光の直射をうけて赤茶けた色にならないとおいしくありません。カボチャだけには「鮮度のよいものを……」という言葉は通用いたしません。

三、四月頃から出廻る直径十二センチぐらいの促成栽培の青いカボチャは、季節感を忘れてしまった人たちが七、三に切って種子を取り出し、詰めものをして蒸し上げ、見た眼を売りものにします。また、家庭でも初ものと喜んでめしあがると聞きますが、青いカボチャは未成熟なので、真の旨味はもっておらず、姿を楽しませるだけのものです。

東北大学の近藤博士から教えていただいたのですが、小魚ばかりを食べつづける漁村でも、魚だけでなく、カボチャとニンジンを作って常食にしているところに長寿者が多いそうです。先年、伊豆南端の長寿村へ行き、古老にお会いした時、カボチャやニンジンも食べるが、最近自動車道路ができて、肉類や缶詰や瓶詰ものが買えるようになってから、長寿者がつづいて亡くなり、昔の寒村だった頃が懐かしい、と嘆いておられました。

夕暮れのゐろりに赤く火のもえてかぼちやの煮ゆる音のするかも　　久保田不二子

カボチャは、東南アジアのカンボジア国が原産地らしく、名もその転訛だといわれていますが、足利末期に南蛮船と呼ばれたポルトガル船によって豊後に渡来し、その後、豊後の大友宗麟が秀吉の西征の折、試食をすすめて珍味なりと賞讃された、との伝説があります。

最初は無気味な姿に敬遠していた人も、甘味不足の時代とて、段々とその甘味を知るようになり、その上栽培に手がかからないことを知り、各地にひろまったのですが、江戸に入ったのは時代が降り、八代将軍吉宗の元文年間だと記録されております。

新宿御苑の昔は、内藤新宿といわれた内藤侯のお邸でありました。殿様がなかなかの食通だったらしく、珍味を求めて、徳川家に乞うて孟宗竹を植えられたり、カボチャを邸内で栽培されたのが江戸での最初で、内藤カボチャの名は近年にまで伝わっていました。

古来のカボチャは、瓢が原型で、栗カボチャは、明治に入ってからの種類だそうですが、「冬至の日に南瓜を食べると中気にかからない」とのいい伝えがあり、関西人はカボチャを残しておいて食べました。ところが、関東では「ん」の字の二つついた名のものを五つ食べると中気にならないというオマジナイがあったそうです。

ナンキン、ニンジン、キンカン、ポンカン、キントン、ケンチン、カンテン、ナンキンマメ等々、みなそれぞれに薬効のあるものばかりではありませんか。笑い捨てにはならないものを感じます。

冬至は柚子風呂をたてたり、コンニャクを食べる日だともいいますが、医薬の祖神とあがめられる、中国の神農帝を祭る日でもあります。

# 土の味わい

百花一時に咲き乱れ、山野は濃く淡くみどり千里——といった北海道の雄大な初夏の美しさにみとれていた時、傍《かたわ》らから声があり、五カ月間も雪にとざされた子供たちはかわいそうですよ、春の雪解けで大地が少しでも現われるとその寸土を踏みしめ小躍りして喜ぶのです——と聞いた瞬間、土のありがたさをより深く教えられました。

時の副将軍とあがめられた徳川光圀は「朝な夕な飯食ふごとに思ふかな恵まれぬ人に恵まるる身は」との歌を作り、毎日食膳に農人形という蓑笠《みのかさ》をつけた農夫の像を乗せていたそうですが、さすがに、土の恵みと農民の労苦を知り、善政をほどこした方だけのことはあります。

わたしの知人の京都在住の農学博士が、耕作の適否を決めるには土壌を知ることが大切で、時には土をなめてみます、と淡々と語っていましたが、土より生まれて土に還る人間の宿命を想い、大地の恩恵を強く感じたことでありました。

ドジョウは土壌に語呂が通じ、昔は、土生、土浄、泥生、泥鰌とも書き、持ち味のどこかに土の味を感じさせる旨味があります。そして、ドジョウ料理の女房役として欠くことのできない牛蒡《ごぼう》もまた、土を連想させる旨味を持っています。

土つきの牛蒡の土だけを洗い落とし、笹がきを浅い土鍋一面に敷きつめ、開きドジョウを菊の花のように並べて、やや甘味がちの出し汁をひたひたに注ぎます。ぐつぐつと煮えてきた時、溶きたまごを内面に流し入れ、半熟状で火から降ろします。

粉山椒を一振りして食べる相性の旨さは、夏の楽しみの一つでしょう。

蓋に露柳川鍋やさめぬ内　月斗

春蒔《ま》きの小指ほどの牛蒡は、夏牛蒡とも新牛蒡とも呼ばれ、すばらしい旨味と香気とを持っています。

牛蒡というものは生長すると中心部は空洞となることからもわかるように、この味と香りはもっぱら皮肌に秘められているのです。

にもかかわらず、都会の八百屋さんに出廻る牛蒡は、問屋の注文なのか、大切な皮肌を機械で削り取られ、アクどめをほどこされて、世にも哀れな姿になっています。そんな繊維だけの味も香りも失せてしまった牛蒡を、なんのためらいもなく求め、料理に使っているのが、残念ながら現在の都会人の食生活に対する姿勢なのです。これでは牛蒡がまずいものの代表のようにいわれるのも、ゆえないことではないでしょう。

最近、野菜の高騰で、生産者からの直接販売の声が聞かれ、実際、団地などで産地直送の即売会などが開かれますが、このような時にこそ、穫れたての土の香の高い野菜のおいしさと、新鮮であることの尊さを、一般の主婦の皆さんに知ってもらわねばなりません。人工的に漂白剤をほどこしたり、アクどめを使用したものではなく、穫れたままの土つきの野菜を消費者が要望すれば、生産者の側でも手間が省け、それだけ値段も安くなるはずです。一挙両得とはこのことであります。

宝暦年間に発行された漢方の書「懐中食鑑《かいちゅうしょくかがみ》」に、牛蒡の薬効をしるし、次のようにあります。曰く、

「毒なし、常に食して大きに良し。野菜の内にて良きものなり。労瘧《ろうぎゃく》、風毒《ふうどく》、足弱きに良し。咳を止め、疝気《せんき》にて冷え痛むに良し。腹の張るをへらし、手足を健やかにす」

牛蒡を細切りや笹がきにして長く水にさらしておくと白くはなりますが、薬効は逃げてしまいます。アク即薬効であり、持ち味なのですから、牛蒡料理ではこのアクを押えるのではなく、活用するようにしなければ意味がありません。そんな点、色目にこだわらずに油炒りをして煮る金平牛蒡などは理想的な料理といえましょう。

＊

昔、ドジョウは、丸のままを食べたと思われます。現代でも、ドジョウ鍋やドジョウ汁も、丸のままのヌルウッとした感触が旨いという方もあります。反面、あの姿そのものを嫌う人もありますが、店頭の桶の中で浮き沈みをくり返す剽軽《ひょうきん》な可愛さは、関東でいう「オドリ

コ」の異名そのままです。

一般の魚とちがい、ドジョウはエラの他に腸の一部で呼吸をします。ですから、一つの桶にたくさんのドジョウを入れておくと水中が酸素稀薄となり、時たま水面に顔を出しては、チュッと呼吸音を立てるのです。

ドジョウにはヒゲが十本ほど生えていて、その格好はどうひいき目に見ても、三枚目の役どころがぴったりします。従って、ドジョウ鍋やドジョウ汁をおいしく食べる場合は、やはり、それに調和した雰囲気や調理が大切でありましょう。

隠元禅師

いにしへの奈良の都の跡とへば麦は穂に出で荳《まめ》の花咲く　通泰

サヤエンドウは、花が落ちるとまことにかわいらしい莢《さや》が日一日と大きくなり、絹莢《きぬさや》と呼ぶにふさわしい姿になります。

キヌサヤは、日本料理では脇役に用いられることが多く、さわやかな色合いを逃さないようにと、歯触りに少々強く当るのも構わずに手早く茹《ゆ》で上げ、ややもすると大切な味つけも怠りがちです。四、五年前、川奈のホテルで出された洋食にたっぷりと添えられたキヌサヤの、バター炒めのおいしさには敬服しました。

油脂を少なく、高温で、新鮮なキヌサヤを少量手早く炒りつけ、かたからずやわらかすぎずに炒めますが、第一のコツはその頃合いを知ることにあります。この頃合いを知るという心入れが何より大切で、脇役にまで心を尽して立ち向う気合いが物の味を引き立てるのだ、とその折、つくづく感じ入りました。

美味を楽しむ国フランスでも、サヤインゲンやキヌサヤはアリュヴェール（haricots verts）と呼ばれ、初夏を告げる旬の味として珍重されているそうで、そのはしりは、日本の初鰹のようにお高いのだそうであります。

茹でる料理や煮る料理は、いくら温度を高めても百度位にしかなりませんが、油炒りは百五十度にも二百度にもなり、高温で調理できます。もっと日本料理にも採り入れるべき調理法でありましょう。

もっとも、油脂を多く使うと後味があくどくなり、ベタベタとやわらかくなりすぎて、持ち味を失ってしまいますから、少量の油脂で手早く炒りつける——ということを心がけるのが大切です。

＊

ゑんどうむき人妻の悲喜今はなし　信子

昔、グリンピースの工場を見学したことがあります。その時、老女が緑色の玉がつまった実エンドウの軸つきを右手に持ち、左の掌におし当てて、ぐうっと実をひねり出す、その機械以上の手練に感心しました。

虚子先生の句に「好き嫌ひなくて豆飯豆腐汁」とありますが、炊き上がった豆御飯の蓋をとった瞬間のぷうんと立ち籠める匂いに、いかにも初夏らしい食欲をそそられます。

遠来ものの大粒の豆は完熟しすぎていて皮がかたく、御飯にぴったりなじみません。近在ものの旬のエンドウマメの中粒を求め、そのむきたてをお米の二割弱量混ぜ合わせ、塩加減をして水から一緒に炊き込みます。色はやや淡くなりますが、エンドウマメの甘味が御飯になじみ合い、素晴しい旨味を発揮します。

冴えざえとした豆の緑色が豆御飯の生命だとして、まず塩御飯を炊き上げ、それに茹で上げておいた青豆を混ぜ合わせる方法をとる方もありますが、なるほど色調はよいものの肝腎の味は格段と落ちます。

豆のむっちりとした真の旨さを味わうには、色彩にこだわってはなりません。十分に蒸らしてから飯器に移し入れ、布巾を着せかけて十分間——この手順が、落ち着いたおいしい豆御飯を生むのであります。

柔かに出来しと詫びて豆の飯　素十

＊

承応三年（一六五四年）に、明国の名僧、隠元禅師が来朝され、長崎の興福寺での初説法を皮切りに巡錫《じゅんしゃく》を重ねられました。江戸に赴《おもむ》き、将軍家綱にも法の道を説かれましたが、その後諸大名の中にも帰依《きえ》する人がふえ、やがて家綱から山城国宇治の地を賜わり、一宇を建立されました。これが黄檗山万福寺で、中国の禅院の面影を伝え、普茶《ふちゃ》料理の始祖でもあります。

禅師が巡錫された後には、それまで見たこともなかった豆の花が咲き、おいしい豆の実がなったので、庶民がその徳を偲《しの》び、いつとはなく隠元豆と呼ぶようになったと伝えられています。

江戸期の書「草蘆漫筆《そうろまんぴつ》」によれば「八外豆、隠元豆、隠元禅師其の種を持ち来り、南京寺に植ゑしより世に流布す。此外にも天茄、唐菜、金紫菜等の野菜を携へ来れるとか」とあります。

この八外豆というのは、鵲豆《かささぎまめ》と書くフジマメのことであろうと思われます。花は小形で紫色を帯び、サヤエンドウに似ていますが、草はきわめて長くなり、収穫量が多いので、伊勢では八升豆と呼び、土佐や山城では唐豆、遠州では天竺豆、佐渡では隠元サザゲと、それぞれ呼ばれているそうです。

# 里の幸

望月《もちづき》とは、旧暦八月十五日の満月が、入日と同時刻に東西に相望むという意味だそうで、芋名月といって、里芋を供えるならわしは全国的のようであります。

名月やあるじをとへば芋掘りに　蕪村
子にうつす故里なまり衣《きぬ》かつぎ　秀野

お三宝にかわらけをのせ、月見団子と里芋を平等に十二個ずつ、閏年《うるうどし》には十三個ずつ盛って供え、ススキやハギなどを壺にさし、御神酒《おみき》を捧げます。

いずれ、中国伝来の趣味でありましょうが、神秘な月光を賞《め》でる静寂は、心の塵を洗ってくれるようであります。

土を洗った里芋を皮のままやわらかく塩茹でにしたものに、「衣かつぎ」と優しい名をつけたのは、平安朝の絵巻に、上臈《じょうろう》が衣を頭から眼深く覆っている姿を連想させるようではありませんか。

茶っぽい小芋の一端を指で押すと、思いがけないほど美しい白肌が飛び出し、とろけるようなおいしさが「衣かつぎ」と名づけさせたのだと思います。

里芋は衣かつぎのように塩加減だけでけっこういただける滋味を持っているのですから、俗にいう「煮ころがし」のように、甘っ辛く煮つけないでも、淡味《うすあじ》でふっくらと煮込み、熱つあつにおろし柚子をたっぷりかけてめしあがるのも一法です。

このように日本料理の味加減というものは、一定量の調味料で決めるものでないことを、里芋が教えてくれるようであります。

# 牡蠣船

茶道の茶事は、通常は正午を定刻とするものですが、師走から厳冬にかけては、灯火の明暗を楽しみながらの夜咄《よばなし》の茶事が催される季節です。

暮れようとする頃合いの案内で、お客が席入りされると、さぞ寒かったことでしょう、とりあえず暖かいお茶を――との意味で、水屋道具を使ってまず一服、薄茶をさしあげる約束ですが、お客も一碗の薄茶を二人でいただくならわしであります。このことを「おもやい」といい、優にやさしい響きの言葉で、「催合い」という字をあてますが、二人以上の人が寄り合って共同で事をすることをいうのだそうです。

昔、川や堀の多い大阪の島の内や、京都の鴨川畔に、広島からの大きな牡蠣《かき》船がもやってある風景に、冬来るといった感を深くしたものです。船中は小間に仕切ってあり、牡蠣一式だけの料理でしたが、とりわけ、牡蠣鍋や牡蠣雑炊が寒さを忘れさせてくれました。

その頃の牡蠣は、炭俵のようなものに詰められ、貝殻のままで送られてきました。道路に面した軒先に店を構え、広島美人の老若たちが、特有の手鈎を使って貝殻を割る切り株の台と浅い水桶を用意して、分厚な前掛けをしめてどかっと座り、さっさっと牡蠣を取り放す鮮やかな手際には、感心したものでした。

空寒の白みてくる牡蠣の水　五連
牡蠣船の上は浪花の繁華かな　句三郎

磯の香を想わせる牡蠣の匂いが立ち籠めた店先で、割りたての牡蠣を求め、おろし生姜をきかせた二杯酢で食べる新鮮な旨さは、今もって忘れられない味です。

＊

牡蠣の種類は多く、世界的に分布しているので、一般に生ものを好まぬ西欧人も、牡蠣だけは生食を喜びます。食用は英仏語でRのつく九月から四月までの月にかぎり、Rのつかない月の繁殖期は中毒の恐れありとして食べないといわれております。

大谷光瑞師は、「牡蠣は幸ひに往時より養殖せしを以つて、繁盛なりといへども、品質優等に非ず。特にその介殻の形状醜悪なり。故に西洋の如く、一殻づつ別の皿上に列ぶ時は、是を英国産に比さば、公卿と野人の如し。見るに堪へず」と、その名著『食』に書いておられます。

たしかに日本の牡蠣の形は決して美しいとはいえませんが、野趣味十分の趣きはありましょう。

ところで、江戸時代、板葺やこけら葺の屋根の上に蠣殻《かきがら》をぎっしり敷き並べ、軒先には貝留の板を打ちつけたとのことです。いずれ瓦の代用としたのでしょうが、東京には隅田川近くに蠣殻町という町名が今もあり、昔の素朴な板葺屋根の名残りのような、懐かしさを感じさせます。

「大和本草」に「蠣は海辺の石に付きて化粧す。冬春、味好し。四月以後秋までは食ふべからず、ゆゑに海人取らず。およそ蠣は石につきて一所にありて動かず、牝牡の道なし。子を産まず、ゆゑに牡蠣といふ。一所にありて動かざるもの、蠣のほか稀なり」とあり、一説には、各年ごとに牝牡の交替をする、とあります。

牡蠣の語源は、岩にくっついて離れにくいので、掻き落す意とも、また、殻を掻き砕く意ともいわれております。

＊

戦後は、輸送力の発達によって、遠方の味が都会へ迅速に届くようになり、倖せな食生活になりましたものの、その反面、昔より味が落ちたものが少なくありません。

師走の風物として欠かせない新巻鮭を例にとれば、輸送に長時間かかる昔は塩をぐっと多くして腐敗しないようにして送り出されたので、塩まわりがよく、塩味は強いけれど、特有の旨味をも秘めておりました。

牡蠣も同様に、重量の関係からか、多くは産地で貝殻を放し、小樽に詰めて送られてくるようになりました。早く到着するとはいえ、牡蠣の色艶には「くたびれました」の感があり、でれっと重なり合っている哀れさに、生食の食指は動きません。

真の牡蠣のおいしさは、産地で生きた牡蠣に酸橘《すだち》、カボス、柚子、橙《だいだい》、青ミカンなどの汁を滴々とたらしてすすり込む歯触りと、えもいわれぬ香味を賞味するにかぎります。

牡蠣の簡単な養殖は、古くから中国でおこなわれ、ローマ時代にはナポリでも養殖された記録があるそうです。わが国では、安芸《あき》国（広島）草津村の人がアサリやハマグリを囲っておくひびに付着成長した真蠣に気づいて養殖しはじめたのが、約三百年前だそうであります。

浅海での養殖は雑菌や病原菌の付着する恐れがあり、無菌牡蠣の生産に一生を捧げられた佐藤和勇博士が、志摩の的矢《まとや》で衛生的な垂下式養殖を始められ、わが国でも安心して生牡蠣が食べられるようになりました。この技術は年々に広まり、進歩していくようであります。

牡蠣は、河口近くの塩水と真水の混り合うところを好む種類と、外海の塩分の濃い海水に育つ種類とがあるようですが、海水の汚染がこう急激に進んでくると、牡蠣などどうなることか、憂慮に堪えません。

淀の水車

魚のことを古語でイオといい、イという語尾のついた魚は、わたくしたちの祖先が早くからその存在を知っていた魚だそうであります。タイ、コイ、カレイ、ウグイ、ヒガイなどがそれで、アユやハヤも古くはアイ、ハイと呼ばれていたと聞きます。鯛は海魚の王で「大位」、鯉は川魚の王で「小位」なのだそうで、ともになじみの深い魚であります。

「天、勾践《こうせん》を空しうするなかれ、時に范蠡《はんれい》なきにしもあらず」という児島高徳の伝説で有名な范蠡《はんれい》は、城王を助け、復讐《ふくしゅう》をなし遂げた賢相ですが、自身も大富豪であったらしく、庶民に鯉の養殖法を教えた「養魚経」という著書に明るく、庶民の福利をも考えた人であったように思われます。紀元前五、六百年頃のことですから、人間と鯉との縁は長く、鯉の原産地が中央アジアであることもあって、特に中国では、鯉にまつわる伝説が数多く残っています。立身出世の「登竜門」という言葉も、その由来は鯉百年を経れば竜となる——とのいい伝えからきています。

総じて、川魚は水を離れるとすぐ硬直して生臭くなりますが、鯉だけは別で、濡れ布巾に包んでおけば、半日以上生きていて、再び水に放すと元気を取り戻します。側面のほぼ中央に三十六枚の鱗が一筋に連なり、その一枚ごとに黒い斑点があるので、あたかも一本の線のように見え、「六六魚」の異名を持っています。

寒中は深みに沈んでいて、

寒鯉の雲のごとくにしづもれる　青邨

の句のようですが、初夏になっても動作は悠々として、大人の風格を感じさせます。しかし、時には登竜のそれの如く、水を蹴って跳び上がり、男性的な面をみせることもあります。鯉は水温の高低にかかわらず比較的よく育ち、清流より濁《にご》り江を好むので、世界中で飼育され、ドイツでは鱗のないカガミ鯉という変種まで作られました。

日本でも、新潟をはじめ各地で観賞用の緋鯉や錦鯉、黄金鯉などみごとな鯉が飼育されており、品評会も催されて、輸出量もかなりのものになっています。

料理には真鯉が適し、昔は、長流に棲む鯉を第一に、大潮に育つのを第二とし、池や沼の鯉は劣る、とされていましたが、現在は大半が養殖ものであります。先年、隅田川で体長一間（約二メートル）もの大鯉が獲れて話題になりましたが、鱗は一枚が三センチもあり、魚齢は優に百を数えられたということです。

鯉の味噌汁　産後の妻へ

こんな都々逸が生まれたほど、鯉は昔から母乳をよく出させるための薬食として愛好され、また万病に効めありとして、その生き肝を糸で吊り下げ、乾燥させて貯えておいたものでした。

「日本山海名産図会」に「鯉は河魚の第一之品、神農本草に魚の王とすといへり。山城の国、淀の産を名物とす。中にも淀城の水車のあたりに住む鯉、一しほ賞翫するなり」とあります。また、室町時代の管領、細川勝元が茶会の席で「他国の鯉は作りて酒に浸す時、二、三度に及ばば汁濁れり、淀の鯉は然《しか》らず、いかほど浸せども濁りなし、これ名物のしるしなり」と説明したとの逸話が残っています。

この酒とは煎り酒のことで、清酒たっぷりに梅干とカツオ節を多量に入れて約半分量になるまで徐々に煮つめた調味汁を指し、これに浸して鯉の生臭味を消すわけです。また、鯉の刺身を「洗い」にするのもやはり生臭味を取るためで、いずれも古人の知恵であり、水清らかな日本なればこその料理といえましょう。

生きた鯉を薄作りにして、清水をどんどん注ぎ、身がちぢれて反り返ったようになったらザルに移し、ザルごとうちふって水気を切り、煎り酒とか辛子酢味噌で賞味します。

洗いに使う水は昔は井戸水が本筋でしたが、現代では、井戸を持っているご家庭は少なくなりました。水道の蛇口にゴム管を接ぎ、その管の先を強くおさえて、水流を鋭くして洗い、別の器にカルキ臭を抜いた清水に氷をたくさん入れておいたところへ移して冷やし、ザルにあげて水気を切って使います。

鯉こくは、鯉を鱗のまま筒切りにして、水をたっぷりはった鉄鍋に沈め、ことことと二時間以上煮つづけます。田舎味噌を溶き入れてさらに半時間煮、一夜を越させてさらに翌日もう一度煮立て、牛蒡のささがきを相手にお椀によそい入れ、粉山椒を吸い口にいたします。なお、この折の牛蒡は必ず土つきのものを求めてください。

なお、ついでに書き添えますが、通常、鯉は焼きものにはいたしません。昔、切腹の折に出される最後の膳に鯉の焼きものをつけるのがしきたりであったそうですが、それが未だに尾を引いているからでしょうか。また、塩干しにすることもなく、この二つは鯉にまつわる不思議といえます。

# うずら椀

ツバメが南方に帰ってゆくと、今度は群をなして雁《かり》が飛来し、鴨《かも》がいつのまにか姿をあらわします。

青山から銀座へ毎日通う道すがらの楽しさは、宮城のお堀端の四季にうつろう草木の色彩と、おおらかな眺めでありますが、お堀に黒胡麻を撒《ま》いたようにたくさんの鴨がいつのまにやら泳いでいます。

初雁といえば風雅を想い、初鴨と聞けば風味を想う、と昔からいわれておりますが、その他の野鳥にとっても、日本はシベリアの寒さにくらべれば楽園であるらしく、避寒の旅と洒落込んでくるわけです。時速四十キロの速さで日本海を越える集団と、北海道を経て日本海の海岸沿いに能登半島にたどりつき、さらに峠を越えて北陸一帯から岐阜へと南下して、太平洋岸にまで飛来する集団とがあるそうです。

その通り道である北陸一帯から木曾路にかけては、霞網《かすみあみ》を山上に張りめぐらして多数の渡り鳥を捕獲し、焼鳥その他の料理にしたのです。日本全土を通じて一年間に一千万羽も賞味されたそうですが、現在は、世界共通の野鳥保護のたてまえから、霞網猟は禁止されております。

＊

豊臣秀吉が朝鮮へ出かけていった文禄の役に、兵糧奉行として従軍した前田藩の岡部治部衛門が朝鮮で教わったという、小麦粉を豆腐にまぶして調味料で煮込む陣中給食が評判になり、人呼んで「治部《じぶ》豆腐」といい、それが有名な金沢名物の治部煮の起源だろうといわれております。

江戸期の「料理談全集」に、「鳥の脂皮を鉄鍋に入れて煎りつけ、油煮へ出る時、酒、醤油を落し、鳥の身を入れてじぶじぶといふばかりに煮て出すなり」とあり、治部豆腐がいつしか野鳥の治部煮に転化したことを物語っているようであります。

野鳥の毛をむしり取り、開いて骨ごと出刃庖丁の峰で十分に叩き、生の小麦粉を両面にまぶして、それまで煮立てておいた清酒と濃口醤油へ味醂《みりん》をたらした加減のところへ手早く並べ入れ、小麦粉が煮汁を吸い込み、濃味な膜で包み込んだようになり、熱の通り加減七五パーセントに仕上げる合理的なものであります。

煮汁が多いと治部煮特有のねちっとした膜状に煮上がらず、また、反対に煮汁が少ないと鍋に焦げつくわけで、その分量にコツもいるわけですが、いかにも外来料理であることを感じさせる、冬向きのおいしい料理であります。

煮上った熱つあつへ、おろし山葵《わさび》を添え味にして食べると、野鳥の美味がより引き立つのでありまして、加賀百万石の城下ならではと古人の知恵に感心させられます。

＊

野鳥はそれぞれ個性的な臭味を持っていますが、ウズラは臭味が淡く、上品な味で、骨がやわらかく、野鳥随一の美味だと昔からいわれております。

戦前は、南満州のコウリャン畑に移動してくるウズラを網で獲り、格子作りの木箱で内地へ送ってきました。輸送中の緊張と空腹でやせおとろえたウズラに、早速水と粟《あわ》を与えると終日ついばみを休めず、旺盛な食欲にびっくりしましたが、一週間もすると丸々と見違えるほど脂肪が乗っておいしくなり、哀れながらも食通の舌を喜ばせることになりました。

わが国では、北海道と東北地方に繁殖しますが、西は九州までも越冬のために南下し、川沿いの草原や畑地に一つがいずつに別れて棲息して、暑くなるとまた北方へ移動して産卵するのだと聞きます。

粟の穂をこぼしてここら啼《な》く鶉《うずら》　惟然

啼け鶉邪魔なら庵《いお》もたたむべき　一茶

また、支考の「百鳥譜」の中に、

「深草に住むなる鶉は、其声すみやかにして世をはばからず、山にも近く、水にも遠からず、粟の穂の静かなる時、ここにも出て遊ぶ」

とあり、ウズラの可憐な姿を想わせますが、江戸時代には、富士の裾野で大規模なワナを仕かけて、真中に囮《おとり》のウズラをおいて啼かせ、誘いをかけて八方からやってくる通り筋のワナで獲ったとのこと。その中でも美声のウズラを江戸の飼鳥屋へ売りに行ったそうで、それは慶長末から明和、安永の頃まで流行した「鶉合《うずらあわせ》」という啼き声を競う遊びが大名たちの間で流行したからでありました。

戦後はウズラ卵の需要が増大して飼育が盛んになり、追い追い食用肉として販路も広くなりましたが、残念ながら野生のウズラの美味は望めません。

冬の懐石の代表的な美味に、ウズラのお椀があります。ウズラを骨ごと細かく叩き、一割量の白味噌と塩で加減し、浮粉《うきこ》を溶き入れただけで徐々に摺《す》りのばし、小さな鶏卵ぐらいの形に煮つけ、粟麩と青菜を脇役にして、清し汁をたっぷり張り、吸い口に柚子を添えた椀盛で、濃淡の相性のよさによる美味であります。

## 親潮・黒潮

東北地方の漁師たちが、北洋から南下してくる寒流を親潮と呼ぶのは、魚介や海藻など、海の生物を養い育てる養分の多い潮という意味だと聞きました。

秋刀魚と書くサンマは、しみじみと秋の旨味を代表する大衆魚であります。サンマは親潮にのって南下するのですが、九月頃、北海道近海で獲れはじめ、初ものとして高価ですが、まだ脂肪が乗っておらず、おいしいサンマとは申せません。これが十月から十一月になって金華山沖から房州沖へくると、ぐっと脂肪が乗り、おいしくなるのです。

ところが、高価に売れるために、南下を待ち切れず、わざわざ北海道近海へ出漁して乱獲するのです。おいしいサンマを食べたいわれわれが馬鹿をみるわけですが、南下するにつれてなぜおいしくなるかが不思議です。

それは、親潮と呼ぶ寒流と、インドネシア沿岸を洗って北上する暖流の黒潮巨流との関係にある、と最近教えて貰いました。

一例として、南方育ちのカツオが黒潮にのって日本の沿岸を北上し、目に青葉山ほととぎす初かつお、の句のように鎌倉沖を通り、さらに金華山沖以北までも北上するそうです。

春から夏にかけては黒潮の北上力が強く、九月になると反対に親潮の力が強くなって、どっと南下するのですが、ここで親潮と黒潮のぶつかり合いがいっそう激しくなるのであります。

もともと、暖流と寒流との潮のぶつかりの境目を「潮目」と呼び、その時の潮の急激な変化で、魚の成育に大切なプランクトンや海藻その他の浮遊物がたくさん集まるのだそうです。この餌が多く集まる潮目の南下移動に便乗するサンマは、みるみるうちに脂肪を持ち、つづいて産卵期を迎え、房州沖へ姿をあらわします。

昔は、その大群のサンマを獲るやいなや、すぐ一塩《ひとしお》をして出荷したので、「甘塩の秋刀魚」と、その美味を世に誇ったものであります。

魚屋の山と積みしは秋刀魚かな　迦葉
忘れゐる秋刀魚の味も市井かな　丸昌太

現代は冷凍法が進み、一塩をする手数を省き、生のまま出荷されるので、昔の美味は望むべくもありません。

便利重宝な冷凍法による魚は、形は同じでも、鮮魚にくらべて味に大差が生まれます。それは、大岩を割る方法の一つに、割りたいところに溝を作り、水をいっぱい詰めて厳冬を待ち、水が凍てることによって膨張して、岩を割る方法がありますが、その理屈から考えて、もしかすると、冷凍することにより、細胞に秘められた旨味を壊してしまうのではないか、と心ひそかに思うのであります。

＊

越後と上州を区切る三国山脈を水源とする利根川は、諸県の水をつぎつぎに集め、やがて大利根川となって、銚子の港から太平洋に注ぎます。

昔は、サケやマスが産卵のため、親潮の限界点だといわれている銚子沖から利根川をのぼり、上州にまで姿をあらわし、海のない上州で生ザケが賞味できたのも親潮の南下のお蔭でした。

春から夏に黒潮の北上力が強くなると、銚子沖から金華山沖にかけて非常に澄んだきれいな紫色の海と、反対に濁った浅黒色の海面との二つが境をなし、あたかも田の畔のように見える時があるそうです。その折の潮目は、「潮の戦い」とも、「潮せり」「潮さい」などとも呼ばれ、日によって違った音をたてるので「潮かぐら」と呼ぶ地方もあるとのことです。

ところが、海面だけの潮目でなく、海底においても物凄い力で砂を押し上げ、渦巻きとなって養分の多い海底の水が押し上げられ、それによってプランクトンが繁殖して最良の餌となるのだそうです。

銚子という酒器のように、太平洋へ注ぐ河口が「底潮目」によって狭まり、漁船の出入りにも気をつけないと、時には難破することもあるそうで、面白い地名でもあります。

つまり、大自然のいとなみである底潮目の威力には、大利根の水量ぐらいでは太刀打ちできないことを教えられるようであります。

＊

古来、水のあるところに文化が育ち、川のあるところに都会が生まれ、港が栄えたのであります。

昔は、今と違って、日本海側が表玄関で、日本海をはさんで大陸との交流がなされたのですが、時には難破船が対馬海流にのせられ、山陰や北陸沖までも漂流したことでしょう。

能登半島は、暖流と寒流との合流点で、冬と夏には太平洋と同様に、より北上する暖流もあり、寒流の南下もあるのでしょうが、半島の東海岸は寒流をうけるのに反して、外浦《そとうら》と呼ばれる西海岸は暖流がつき当るところなので、外浦の一帯には大陸名と思える神社がたくさん祀《まつ》られており、いずれもが大陸文化をもたらした古代人の長を祀った神社だといわれております。

能登半島の周辺では、秋から冬にかけてブリが獲れます。ブリ漁は全国でおこなわれますが、このあたりのブリは味がよく、塩ブリの旨さは昔から定評があります。

ブリは鰤の字が示すように、賢い魚で、網をくぐり抜ける知恵も鋭く、潮境の変化にも敏感で群をなして岸近くへ待避しますが、それを待ち受けるのが人間です。

江戸期の著「草蘆漫筆《そうろまんぴつ》」に「鰤は日本の俗字なり、本草綱目に魚師と言へるは、老魚大魚の総名なり。今、日本にて鰤の字を作りしは本草の魚師の二字を一字に合して大いに老いたる義を宛てたると見ゆ。ブリとは氏の魚、年を経たるの意にて、経《ふり》を濁りてブリと呼びたるなるべし。其小なるを、イナダ、ワカナゴ、ツバス、メシロ、フクラギ、ハマチ、などと云ふ」と記されております。

ブリは成長にしたがって呼び名が変り、出世魚として尊ばれますが、塩をあてておくと、生身にはなかった旨味が生まれ、塩ブリの酒煮をはじめ、料理法は多く、保存食としても重宝な魚です。

能登と加賀を保有した前田百万石の味自慢に「巻きブリ」があり、塩干しのイナダの薄切りの旨さも、知る人ぞ知るの珍肴であります。

# 木胡椒

厳しい暑さを猛暑とか酷暑などと表現しますが、一年が雨期と乾期とにはっきり二分され、よい季節のほとんどないビルマに六年余も軍隊生活を送った時に知った暑さは、筆舌に尽し難いほど物凄く、日本の夏の暑さなど物の数ではありませんでした。午睡をしようと、屋内の椅子や柱にもたれると、その椅子や柱に熱が籠《こも》っていて、よけいに暑く、とてもよりかかってなどいられるものではありません。結局、屋外の大樹の下で胡坐《あぐら》をかくのが一番よいことを知り、座禅三昧《ざんまい》のお釈迦さまよろしく眼をつぶりながら、わずかな涼を得るのでした。

その時の、うだるような熱気に満ちた熱帯の生活を体験したお蔭で、現在、四季のある日本の倖せをありがたく感じ、夏の暑さなどはむしろ愉しんでいます。

ブラジルのアマゾン河畔が原産地ときくトウガラシのピリッとした刺激性は、熱帯では欠くことのできない食欲増進剤で、カレー料理も、腐敗防止を兼ねた、熱帯の地に生きる人々の知恵であることを知りました。

御飯とカレーを右手の指先で混ぜ合わせて、四本の指で握り、それを親指で口へ運び込むのがマナーであるとのことでしたが、箸を使うわたくしたちより、彼《か》の地の人々は食味感が一つ多いように感じました。指先で混ぜ合わせている時の楽しそうな顔つきから、すでにおいしさを指先に感じていることがわかり、それを見て、もし内地へ帰還できたら、握りずしやおむすびは必ず手づかみで食べよう、と心に決めたことでした。

本場のカレーには、香りと味の材料が約十五種、色調のための材料が五種、辛味をつける材料が五種ほどあり、赤トウガラシの辛味もかなりの比重を占めています。出征前、内地にいた頃、カレーという料理がこんなに多くの香辛料を使うものとは夢にも知らず、大変な驚きでした。しかも、板石のくぼみの中で石棒を使って粉末にする素朴な調合法にはさらに驚き、機械力では生まれることのない美味の秘密を教えられる思いでありました。

*

日本が世界史に初めて登場するのは、天文十二年(一五四三年)、ポルトガル船が種子島に漂着した時であります。この時を契機として、それまでの弓矢中心の時代から鉄砲の多寡が勝敗を決する時代となり、日本の歴史に一大転機がもたらされました。

そして、その後の交易により、カステラや金平糖《こんぺいとう》、天ぷらその他の西欧の食べものが渡来し、南蛮胡椒と呼ばれたトウガラシもタバコなどと一緒に入ってきました。もっとも、トウガラシ伝来には二、三の説があり、加藤清正が朝鮮より持ち帰ったともいわれていますが、ともあれ、その頃からわが国にトウガラシがお目見得し、全国に拡がって行ったのでありま
す。

魚や鶏肉のから揚げをすぐ三杯酢に漬け込み、しぼり生姜とタカの爪（赤トウガラシ）の小口切りをふり入れておく保存料理をカルタン漬とか南蛮漬と呼びますが、これもその頃から伝承されてきたもので、江戸期の「嬉遊笑覧《きゆうしょうらん》」には「昔より異風なるものを南蛮と言ふ」とあります。

日本へやってくる船はいずれも南洋を通ってくるため、ポルトガル人だけでなく西欧の人たちまでが南蛮人と呼ばれ、その異様な風俗は南蛮屏風として残されました。この時代は日本文化の変革期のみならず、食べものの歴史においても大きな足跡をしるしたのです。

さて、トウガラシですが、栽培される場所の気候風土の違いから、その後、変種が多くなり、辛味の上でも強弱があらわれてきました。細長く、先の曲がったタカの爪は鉢植として賞玩《しょうがん》されますが、鋭い辛味を持ち、その舌を刺す直線的な辛味にあやかって、三つトウガラシとか五つトウガラシとも呼ばれる、丸組の紋章までがあらわれました。

黒塚の西日に凄き唐がらし　多代女

真赤に色づいたトウガラシに秋深しを感じますが、若い頃の実の緑色がこうもあざやかに色変りをする——そこにトウガラシという植物の不思議を覚えます。

赤く色づいたトウガラシを枝つきのまま天井に吊し、農家では邪気祓いとして保存します。「天井守り」の異名がありますが、冬に向かう農家に華やかな色を添え、越冬の心構えを教えているようです。

＊

加賀百万石のご城下、金沢での俳諧で、芭蕉が酒肴のおごりを戒め、この句の心を味わうように――と、弟子たちに渡した短冊に、

白露のさびしき味を忘るるな

とあったと伝えられています。

珍味佳肴もさることながら、時には茶漬の味にも旨さを見出すことこそ大切であり、「さびしき味」とは、草々に宿る白露のような清楚な味わいを指すのでありましょう。

元禄五年、粉飾に心をくだく弟子たちへ、芭蕉は次の一句を与え、素直さこそ第一との教えを授けています。

青くてもあるべきものを唐辛子

平凡の中にある工夫――そのぴりっとした非凡さをトウガラシによせて教示しているのです。

トウガラシの真味は、強火に金網をかけておき、竹串に刺しならべたトウガラシの軸を取って両面を焼き、冷水へ投げ入れ、冷水が滲み込まないうちに素早く水から取って水気をしぼり、純良の醬油にまぶして味を含ませ、余熱が残っているうちを賞味するにかぎります。コツは焼き方の心入れ次第であり、焦げ目を適度につけ、焼きすぎも焼き不足もともに落第です。

葉トウガラシは、葉だけをむしり取って熱湯でさっと茹で、水にさらして一時間後に布巾に包んで水気をよくしぼり、清酒と濃口醬油で加減をした調味汁に二割量ほどの梅干を入れて煮込みます。歯触りに心地よいやわらかさになるのを待って、すぐに空鍋にザルをのせた上にうちあけます。汁だけをさらに煮つめてから火をとめ、両方が冷めたらふたたび一緒にして混ぜ合わせておきます。

調味の甲乙よりも歯触りを大切に考えてこその美味で、手軽なお惣菜《そうざい》であります。

京都では古くから、葉トウガラシのことを木胡椒と呼んでいます。

# 船　場　汁

サバやカツオの姿は紡錘形《ぼうすいけい》と呼ぶ、大海原を直進するのに最適の形をしております。今は昔、魚雷にも採り入れられたと聞きますが、その上、いかにも初夏を思わせる素晴しい色彩を兼ね備え、冬から春につづくさまざまの魚とちがって、大自然が四季の移り変りを教えているかのように思えます。

サバは魚扁に青と書き、活発な回游魚で、六月前後の産卵期が近づくと日本沿岸を北上しながら繁殖を終り、晩秋になると南の大洋へ移動して行くのだそうですが、旬といわれる秋サバは、夏サバの二倍余の脂肪を持ち、時には脂肪過多となり、眼が充血してくるほどで、味もより充実してまいります。

江戸期の「日本山海名産図会」によると、「丹波、但馬、紀州熊野より出づ、其のほか能登を名品とす。釣捕る法、何国も異なることなし。春夏秋の夜の空曇り、湖水立上り海上霞たるを鯖日和《さばびより》と称して漁船数百艘打並ぶこと一里許、船ごとに二つ篝《かがり》を照し、万火灼々として天を焦す。漁子十尋許りの糸を苧《お》にて巻き、琴の緒のごとき物に五文目位の重玉をつけ、鰯、海老などを餌として竿に付ることなし。又、但馬の国にては、釣鈎もなく、只松明《たいまつ》を振り立て、其影波浪を穿《うが》つがごときに、魚随って躍りておのれと船中に入れり、是又一奇術なり。船は常の漁船に少し大にして、縁低し、越前尚大なり」としるされています。

鯖釣や不知火ならぬ波の上　蝶夢
鯖船の夜ごと夜ごとの灯かな　松葉女

パリと京都は、姉妹都市になっています。たびたび戦火に遭い、焦土となったところから立ち上がり、しかも、料理の味においては兄たりがたく弟たりがたしの、共通の誇りを持った都市であります。

材料に恵まれないところに料理の発達をうながす素因があるといわれますように、料理の美味は経済が左右するのではなく、作る人の努力、工夫、苦心の集積にあると思います。このことは、ご家庭においても同様でありまして、つつましい食生活にこそ、心を籠めた美味の誕生があると信じます。擂鉢の底のような山に囲まれた都市、京都は文化の中心であった昔、人口に見合うだけの材料が豊富にあったとは思えません。棒ダラや乾燥ニシンを上手に煮ることに長《た》けたのも、材料が不如意であったためでありましょう。

宗教の都であったことも原因の一つですが、天より恵まれた材料を粗末に扱ってはならないと、昔から、大根をおだいといい、揚げ豆腐をおあげ、醬油をおしたじ、砂糖をおさとう、と「お」の字をいろいろなものに冠して尊び、大根の切れ端をも大切に考え、捨てては「もったいない」という心で活用してきました。

たえず「もったいない」という言葉を聞いて成長しましたので、今もって「お」の字が消えず、他国の人たちには濫用のようにさえ思われるほどであります。

海魚に恵まれなかった京都へ、山を越えて運ばれてくる若狭の一塩魚は唯一の海魚でありました。総じて裏日本の海魚は、瀬戸内海の魚よりやや大味でありますが、不思議にも浜で塩をあてることによって、生魚にない旨味が生まれるのであります。

＊

獲りたての生き生きしたサバやグジ（甘鯛）や小鯛などを背開きにして塩をあて、浸透圧によって滲み出る水分が滴《したた》り落ちるように、小判形の若狭籠へ一段ずつ笹を挟んで重ねます。今と違って、人間の力に頼るより仕方のなかった時代ですから、両荷を天秤棒でかつぎ、一晩がかりで京都へ届けられたのです。かつぐことによって上下に揺れ動き、深夜の冷気によって塩まわりはよくなり、肉はしまってぐっと味を増し、奥行のある美味が生まれます。

懐石の向付《むこうづけ》に細作りのグジのおいしさが評判なのも、サバの酢作りの旨味も、京名物サバずしの美味も、この若狭の一塩のお蔭でありまして、今日でも十月の声を聞くと、若狭から一塩魚が京都へ送られてきます。

ところが、普通一般の土地では生サバよりほか手に入りませんので、まず、鮮度のよいサバを求め、少しでも早く腹より開き、塩を思い切りたくさんふりかけ、ザルに皮を上にして並べ、露受皿にのせて三時間以上冷蔵庫に入れておくにかぎります。

サバは俗に「サバの生き腐れ」と、芳《かんば》しからぬ言葉があるくらいに腐敗しやすい魚でありますので、塩を多めにあてるのが賢明であります。

塩まわりのよいサバは、米酢に十分間ほど漬けてから薄皮を去り、刺身にして、二杯酢でおろし大根と山葵を七、三に混ぜたものを相手にした酢作りや、清酒を二、三回かけながら焼き上げ、熱つあつに柚子をたらしていただくものなど、ことのほかサバの真味が味わえます。

残りの中骨や切り端を、水たっぷりの鍋に一切れの昆布とともに沈め、五ミリくらいの厚さの短冊形に切った大根をたくさん入れて火にかけます。

煮え立つ直前に昆布を引き上げ、コトコトと煮つづけ、大根がかたからずやわらかすぎずの頃合いに淡口醤油だけでお加減してお椀によそい入れ、胡椒をたっぷり振り入れるのが約束で、廃物利用とは思えないおいしさであります。

商都浪花の問屋町船場《せんば》が発明した美味で、その名も船場汁として伝承されてまいりました。

きまもり

柿は中国や朝鮮にもありますが、わが国の代表的な果物と申せましょう。

一山越えると別の柿があるというほど種類の多いもので、「桃栗三年、柿八年」との諺《ことわざ》の通り、実がなりにくいのですが、近頃、アメリカ、フランス、イタリアなどが種子や苗木を輸入して栽培していると聞きます。ことにアメリカの柿は嘉永六年（一八五三年）ペルリが来朝した折、種子を持ち帰ったのがそもそものはじまりだそうで、現在カリフォルニア地方で盛んに栽培されているそうです。

果物は木になったまま完熟したのが最高の味ですが、十日後なり十五日後が食べ頃だ、といったものを選んで送り出します。果物店に並んだ柿でも、追熟するのを待つのがよいようです。

かたからずやわらかすぎずの食べ頃は、一週間から十日がよい時で、十日後にはやわらかくなりすぎます。食べ頃を旬《しゅん》といい、旬は十日間であることからもわかるように、柿の熟れは日に日に進みます。

料理に使う柿はややかためのものを選び、小角に切るか、繊切りにしておきます。

おろし大根を布巾に包み、水気を軽くしぼり、二杯酢に合わせて加減をたしかめ、柿を混ぜ和《あ》えて、器にすっきりと盛り、頂点に煎りたての黒胡麻をふりかけて差し出します。

柿を蒸して赤味噌をかけたり、柿の旨煮などを珍しい料理だと喜ぶ方もありますが、持ち味を尊ぶという日本料理の基本からは離れた、無駄な料理であって、おすすめしかねます。

＊

子供の頃、「これが御所柿という日本一の柿どすえ、しっかり味をおぼえなあきまへんえ……」と、教えてくれた母の声と柿の味が思い出されます。戦後は柿の姿が年とともに大きく立派になりましたが、反対に旨味は後退していくように感じられます。

京都大学の農場が京阪間の高槻《たかつき》にあり、御所柿の古木が二、三本あると聞き、いつの日か本御所の醍醐味《だいごみ》に浴したいと、あこがれております。

柿は大別して、甘柿と渋柿の二つで、ものの本によると、甘柿の中では大和の御所村を本場とする御所柿系と、他の種類とに分けられ、形姿も味わいも千差万別の感があり、各地にお国自慢の柿がたくさんあります。

陽当りを好む柿は初冬を飾る農村の点景で、車窓から眺めていると、いつも大徳寺山内の竜光院蔵、牧谿《もっけい》筆の柿の掛物を思い出します。

横一列に何気なく並んだ柿五つと、前に一つ離れた柿が描かれ、青墨の濃淡でそれぞれの個性を表わしています。料理写真を撮る折、この柿の配列の非凡さがふと悩みを解消してくれる時があります。

楽茶碗の初代長次郎の新作のお茶碗を、武将たちが先をあらそって取り合い、後に残った一碗は特に見どころもない平々凡々としたお茶碗でしたが、利休居士がこれこそ真のお茶碗だと賞讃され、木守《きまもり》の銘をつけられたとの逸話が残っています。

柿の木を守るように一つ取り残された柿の実の風情にたとえられた「木守」は、高松城の松平家の家宝として伝わり、今もって高松の名菓として、その名が残っております。

＊

渋柿には、俗に「似たり」という種類があり、形がよくて色もよしの、御所柿そのままなので、ついうっかり食べると口一杯に渋がつく不愉快至極の柿ですが、これも樽柿か干し柿にすると存外おいしいものです。

柿の若葉は、紀州の山中で作られる柿の葉ずしで名があり、葉がくれに真青なかわいい実をのぞかせる頃から、日増しに色づき、黄となり朱となって、たわわに実った柿には俳人が名句を残しています。

柿の木であいと答へる小僧かな　一茶
啼きに来る山鳩寒し柿の色　樗堂

干し柿となって茶味を帯び、やがて白髪の翁《おきな》を偲ばせる白柿にいたるまで、色変りを重ねる柿は、天正（一五七三〜一五九二年）の頃には、茶の湯の菓子として、栗とともに尊ばれました。今日でも、格式の高い茶事の菓子には必ず用いられます。

宇治橋の奥の宇治平《うじだいら》という村に、小形ながら丸々とかわいらしい「ころ柿」と呼ぶ、糖分で真白に覆われたおいしい柿があります。

ころ柿の種子を取り去り、細く切って、大根の繊切りを熱湯にさっとくぐらせ、事前に作っておいた二杯酢へ漬け込み、一夜を越させてから、大根の三分の一量のコロ柿を混ぜ合わせた柿膾《なます》は、俗を離れたおいしさです。

柿の霜とも呼ばれる白く粉をふいた糖分をはたき取り、そればかりで作られた型押しのお菓子が、昔北京にあり、蘇州への街道の見渡すかぎりの柿林と思い合わせ、中国ならではのスケールの大きな美味だった、と中国通の大人の話があり、それを舌に乗せると、すうっと淡雪のそれのように消えてゆくおいしさは格別だった、と眼を細められました。

# 食説法

# 歪められた料理観と食生活

昔から「上手切らずに下手切らず」といいます。料理の下手なうちは念を入れて庖丁を扱うので、手を切らずに済みます。また、上手になれば、勿論手を切るようなことはありません。問題なのは、この上手と下手の中間にある時期で、庖丁で手を切るのはこの時期の人に多いのです。それというのも、ちょっとものになってくると、もう何でもできるような錯覚を起すためでありまして、この諺《ことわざ》はそんな生兵法を戒めています。

こうした、どっちつかずの時期にある料理人は、とかく勉強を怠り、いたずらに技巧的な方向に走り勝ちなものですが、これには料理を食べる側の人にも責任の一端があります。つまり、真の料理についてあまり深く考えようとしない人がいて、ただ見た目によい料理にのみひかれ、技巧を弄する料理を作ることが腕の立つ料理人の証拠であるとの偏見を持っているからであります。

そしてまた、いわゆる宴会料理もこの悪弊の一因をなしています。日本の宴席では遊興の伴うことが多く、遊興第一、料理は二の次という風潮があり、そこで、客人の気をひくために、器や料理の技巧にやたらと金や時間をかけることになり、それが日本料理を歪めてしまっている——というのが実情であります。

だいたい、食べものというものは、技巧をほどこせばほどこすほど、素材の持ち味は落ちるもので、その真の旨さを味わうには、原始的ともいえる素朴な料理法が最上なのだ、ということを知らねばなりません。

にもかかわらず、無駄な時間と手間をかけて、わざわざ味を悪くしているのですから、笑止千万というか、こんな馬鹿げた話はありません。

例えば、衣《きぬ》かつぎは、皮つきのまま蒸した里芋に塩をふって食べるのが一番おいしいのですが、わざわざ甘辛く煮たりして必要以上の添え味をする、まさに味覚音痴といわれても仕方がない料理法が堂々とまかり通っております。

いかにしたら、素材の持ち味を生かせるか——一度、この料理の本道に立ってみたらいかがでしょう。そうすれば、技巧的な料理にうつつをぬかすことなど、とてもできないはずです。

＊

ある料理をおいしいと感ずることは、めしあがる方の感覚ですから、一概に、濃厚な味が悪いとはいえません。めしあがる方が若ければ濃い味を、そして老年であれば淡味《うすあじ》のものを、それぞれおいしいと感じるのは、肉体の要求であり、自然な感覚であります。

しかしながら、もし仮に、その感じ方つまり味覚が低級であり幼稚なものであれば、まず見た目によって料理の良し悪しを判断するでしょう。年端もいかない幼い児のことを考えてみてください。幼児は、変ったもの、珍しいものを喜び、欲しがります。

日本料理は、よく目で食べるといわれます。たしかにその通りであります。

しかし、この場合の目と、やたら細工的料理を喜ぶ目とでは、目の質が違います。前者の目にはたしかな味覚の裏づけがあるのに対して、後者にはそれがありません。単に視覚的な美しさを喜ぶだけの能力しか備えてはおらず、真の美味をとらえる目ではないのです。

このような目の持ち主には、いつまでたっても食の倖せを享受する機会はやってはこないでしょう。

では、こうした歪んだ料理観からどうしたら脱け出られるのでしょうか。

わたくしは、何よりも余裕を持って、じっくりとものの味を噛みしめてみることをおすすめします。

まず、手近な水道の水を飲んでみてください。それから、旅行をしたときに、その土地土地の水を味わってみてください。同じ水でも、その旨さに驚くほどの差のあることがわかるでしょう。豆腐にしても同じことがいえます。同じ町内の五軒の豆腐屋から一丁ずつ買ってきて、じっくり食べ較べてごらんなさい。みなそれぞれに味が違うことに気づかれるでしょう。

八百屋へ行って、大根を求めてきてください。それを大根おろしにして食べるのです。一見似たような大根でも、苦味の強いもの、ほんのりと甘味のあるもの、と、味はさまざまです。これを何回か繰り返しているうちに、一番おいしい大根は、瑞々《みずみず》しい葉のついた素直な形の、ずっしりと持ち重りのするものだということがわかってきます。

このようにして、味の訓練というものは、その気になりさえすれば、別段金もかからず簡単にできるのです。

歪められた料理観から脱却して、真の味覚を体得するための第一歩が、ここにあります。おそらく、この多忙な世の中に、そんなことまで気をまわしていられるか、との声があがることでしょう。もっと便利で旨いインスタント食品があるじゃないか、という声も聞えます。

たしかに、現在の都会生活は、諸々の自然の美しさや変化の喜びを味わい、賞《め》でるには、何かと忙しく、こせついています。

朝、新聞を読みながら味噌汁をすすり込み、あたふたと出勤して行く生活。夜は疲れて、せいぜい横になってテレビに目を向けるのが関の山で、自分の現在を踏みしめ、来し方をふり返る余裕すらない毎日。これでは、食生活の充実を求めるほうが無理かもしれません。

しかし、本当に時間はないのでしょうか。

自分の一日をよく見つめてみてください。暇がないといいながら、娯楽に時間を費やしすぎてはいませんか。無気力ゆえに、ぼけっとしていることはないでしょうか。

合理的生活という題目のもとに、食生活に関する時間が削られ、娯楽へふり向けられている――というのが、残念ながら実情なのです。手間のかからないインスタント食品を利用することが文化的生活である、と、社会的にかなりの地位にある人がいっておられるのを聞いて、驚くよりも、哀れを感じました。

食は、優れた肉体の源泉です。優れた文化が優れた頭脳と肉体とによって作られるのであれば、正しい食生活の認識と実践こそ、優秀な文化の礎《いしずえ》といえるでしょう。だとすれば、真の合理的生活とは、何よりも食生活にこそ時間と労力を費やすことではないでしょうか。

わたくしは、そう確信いたしております。

## 季節感の回復

芭蕉の句に、

白露のさびしき味を忘るるな

とありますが、夏も終りに近づくと、朝な夕なのそよ風に秋の気配を感じ、また一方では、早春にふくらむ木々の芽を見ては春近しの感を深くします。

このように、四季のほのぼのとした風情の中に、わたくしたちは生きてゆく喜びや楽しさを感じるのです。

一年を通じて、季節の移り変りがはっきりとめぐりくる日本の風土は、そこに生きるわたくしたちにいろいろな面で大きな影響を与えています。中でも、昔から「もののあわれ」という言葉に代表されるような、細やかで鋭い感受性は、その最たるものでありましょう。

料理においても、この感受性は生きています。四季を代表する素材が時を違えることなく、わたくしたちの前にもたらされ、それらの素材に合った調理法、調味法が昔から伝え継がれてきているのです。

栗が実り、柿が赤く色づけば、清《すま》し汁の味つけは、塩を少なめに、醤油を多めにするほうが味わいがあり、塩味を主体とした夏向きの調味から徐々に変化してまいります。また、それまで塩焼にしていたものを醤油焼にするなどして、次第に濃厚な味つけにします。

このように、季節による調味の変化は、味覚の要求によるもので、日本人独特の感受性のなせる業なのであります。

こうした季節感の根強い底流がある一方、その喪失が云々されるようになったこともまた、事実であります。

戦後の混乱期はともかくとして、生活的に豊かになった現在でも、なお季節感喪失の声は聞かれますし、随所で目にもします。というよりは、むしろ、文化的向上に反比例するように、この悪弊は次第につのっていくように思えるのですが、これはいったい、どうしたことなのでしょうか。

文化の向上とは、主に科学の発達によってもたらされる面が多いといえます。この科学を発達させることによって、わたくしたちはそれまで不可能であったことを可能にすることに成功しました。人間の寿命が長くなったことや難病の克服などは、その恩恵の最たるものといえるでしょう。

しかし、一方では、大自然の運行をも人工的に変えてしまい、自然の営みを無視した人間本位の環境を作り出したことも事実であります。それがすべてだとは申しませんが、季節感の喪失には、この環境の人為的支配が大いに原因していると思われます。

冷暖房装置の発達は、一年中を快適に過ごさせてはくれますが、夏の酷暑を忘れ、冬の厳しい寒さから遠ざかることで、はかり知れないほどの季節感が喪《うしな》われていることに思いをいたさねばなりません。

食べもののほうでは、促成栽培や人工養殖の技術の発達があげられます。自然の水と太陽と土が育てる食べものには、季節の香りと美味が内に秘められていますが、人工的に作られ育てられたものには、これが欠けています。冬の西瓜に夏の柿という、昔では到底考えられない季節無視の食生活がまかり通っている現在、四季の味覚が混乱し、季節感の回復が容易でないことは目に見えています。

＊

人間とは不思議なもので、だれでも陰陽の二面を持っています。ことに、日本人にこの傾向は強く、まったく異なったこの二つの面が繰り返し交互にあらわれることによって、微妙な心理のアヤが生まれてくるのです。

普段、せわしく立ち働いている人も、ふとした折に来し方をふり返り、静かに思いをめぐらせていると、明日への思いがけないファイトが湧いてきます。その静かな内向の度合が深ければ深いほど、反射的に盛り上がる気力は強くなり、その対照は、あたかも音楽における音階の高低、拍子の強弱が醸《かも》し出すおもしろさに似ています。

日本人のこうした性格は、明らかに四季の移り変りのある風土に根ざしており、わたくしたちは、この変化に富んだ風土を見直しつつ、もう一度自然を見つめ、その自然に即した生き方をしていきたいと思うのであります。

## 正しい味わい方とは

日本料理の材料は、四季折々に豊富で、その季節季節にふさわしい香りや味をふんだんに持っております。しかしながら、その味わいや香りは、総じて淡いものなので、賞味するときには、器を口許に近づけていただいたほうが理にかなっており、よりおいしく味わえます。日本料理の正しい食べ方は、器ごと手にとっていただく——これが基本であります。

近頃では、食卓が高くなり、料理が比較的口許に近く並べられるようになっているせいなのでしょうが、食卓に片肘ついて食事をしたり、何かとだらしない食べ方をする人が多くなり、直接器を手にとっていただく人は少なくなってきました。これは是非あらためていただきたいと思います。

特にご婦人方には、直接器を持っていただくほうが、衣服に汁のこぼれる心配もありませんし、何よりも、口のほうを器に近づけ箸を使うという、あの無粋な格好からも解放されてよろしいのではないでしょうか。

茶道に「和敬清寂《わけいせいじゃく》」という言葉があります。大自然の恵みに心をなごませ、敬いながらいただく精神的な働きを意味しているのですが、器を手にとっていただくのが具象的な基本ならば、これは精神的ないただき方の基本といえましょう。

日本料理の特色は、味の濃淡を巧みに織り合わせて作られているところにあります。したがって、味わい方もそのことを十分考慮に入れ、濃い味のもの淡い味のものを交互に味わうことによって、濃淡のリズムを楽しむようにすることが大切です。

炊き合わせ料理などで、よく、濃味のものだけを先に食べて、あとから淡味のものをいただく——といった食べ方をする男性を見受けますが、これは間違った味わい方であります。これでは何のための炊き合わせなのかわかりません。

天ぷらにしても、お新香を間合間合につまみながらいただくことで、天ぷらの味がより一層引き立つわけで、味覚の上でいかに濃淡のリズムが大切であるか、おわかりいただけると思います。

この食べ方のリズムを一般化していえば、まず濃味なものを食べ、つぎに淡味なもの、そしてお汁を吸う——といった繰り返しが、理想ということになります。

ものをおいしく味わうためには、よく噛みしめることも大切であります。

お吸物なども、よく味わうことを考えずに、ただズーッと一気に飲み込んでしまうのでは、もしそれが淡味のものでしたら、ほのかな味など到底わからないでしょう。

まず一口吸ったら、口中でゆっくりと味わうようにする——すると、味覚神経がその味をとらえようとして敏感になり、隠されていた味が舌頭に開花するのです。

料理を味わうには、すべてにこうした態度が必要です。そうすればたとえ少量の料理でも味わいは深くなり、さらによく噛むことで味の中の味を探る喜びは一層大きくなります。それなのに、多忙を理由に、食事はすべて超特急、というのでは、添え味である調味料の甘辛さだけが舌に残って、素材の持ち味までは理解できません。

そして、食事はただ満腹感を得るための餌にすぎなくなります。

せめて、食事ぐらいは時間をかけて、ゆっくり食べる習慣をつけてください。

これは、胃腸の消化のためにもよいことなのですから。

## 庖丁に心する

「割烹《かっぽう》」とは、本来、肉を割き烹《に》るという意味であり、日本料理の調理の基本であります。いつも申しておりますように、日本には四季折々の料理材料がたくさんあり、わたくしたちの祖先がなるべく生食に近いものを、あるいはその新鮮な生気を食べようとしたことが、この二文字にはあらわれているように思えます。

本来の日本料理は、貝類や刺身などの生食やそれに近いお浸しものでありまして、他のものは中国から伝わった料理を日本の気候風土に合うように、巧みに作り変えたものが多いのです。

新キャベツなどの新鮮な葉菜類を生食するには、庖丁で細かく切らずに、できることなら指で割いて食べるほうがおいしいのは事実ですし、西瓜にしても冷たい流れで冷やしたものを岩肌などに当ててぶち割り、顔の汚れるのも構わずにむしゃぶりつくのが、一番旨い食べ方なのです。

しかし、食べる場所とか雰囲気によってはそうもいかず、そこで庖丁という、切る道具が生まれたのです。

日本人は、木の年輪の細やかさを喜んだり、竹の節のおもしろさを珍重したりすることからもわかるように、繊細な視感覚を持っており、お料理でも、例えば、茹でた青菜の水気を絞り、これを形よく切って盛り、その切り口にさわやかさを感じさせるように神経を遣います。

特に刺身などは、生身の美しさが清々《すがすが》しさを尊重しますので、切る人の腕前、庖丁の切れ味によって旨さが大きく左右されます。腕の立たない人が、切れない庖丁を使って切ると、押しつぶす部分が多くなり、見た目のよさも味も落ちてしまいます。さっと一気に鮮やかに切れたものは、細胞がつぶれることもなく、きちんと元の形を保ったまま切れているので、味の上でもはっきりと判別がつくというわけです。

ところで、わが国には、いろいろな種類の庖丁があります。

刺身用の長い庖丁、菜切り用の幅広の庖丁、出刃庖丁、鰻割き、タコ切り庖丁、それに栗などの固いものをむくためのもの、その他専門的なむきもの用の庖丁など、すばらしい機能美を備えた庖丁が揃っております。左利きの人のための庖丁を入れると、四十〜五十種類もの庖丁が現存しており、こんなに多くの種類の庖丁を持っているのは、世界広しといえども、おそらく日本だけでしょう。

これもつまりは、気持よい切り具合や鮮やかな切れ味を大切にする国民性によるものでありまして、鱧《はも》の骨切りには重量感のあるものが能率的だとか、姿ずしを切るには御飯粒を押しつぶさないように、丸味のついているものがよいとか、用途や目的によって、長い間かかって考え出された知恵なのであります。

　したがって、特に専門的に庖丁を扱う人は、それぞれの庖丁の生まれてきた目的を十分に考慮に入れて、使い分けていただきたいと思います。

一般の家庭では、刺身用、菜切り用、それに出刃庖丁の三本があれば、まず大抵は間に合うでしょう。

　近頃、盛んに万能庖丁なるものが使われているようでありますが、いわゆるなんでも用というのは、使用上どこかに無理があり、本当の切れ味は期待できません。例えていえば、ベッドにもソファにもなる家具と同様で、どちらに使っても結局、すっきりとした使い心地は得られないのです。というわけで、一家にはせめて三本の庖丁ぐらいは備えていただきたいと思います。

　先にも申しましたように、茹でた青菜の切り口を見ただけで、その人の腕前や人柄までがわかるといわれるほどで、庖丁を使うには精神を集中してかかることが大切であります。

　冴えた切れ味を出すには、まず、庖丁の持ち方が正しくなければなりません。庖丁の柄が掌中にしっかりと握り込まれた状態、いわば、庖丁が手についていることが肝腎です。それには、その庖丁の重心がどこにあるかを調べますが、これは、人差指の上に庖丁をのせ、平衡をとってみればすぐにわかります。そして、親指を刃の根元の丸味のついたところへ差し入れ、人差指を庖丁の峰にかけて力を入れると、庖丁はあたかも指の延長のように動き、無理なく自由に切れます。

刺身の切り方について一言申し添えます。

魚肉を俎板《まないた》の手前の端に横一文字に置き、長い刺身庖丁の柄元の刃をかるく当て、庖丁の峰を押えた人差指に力を入れて、かるく押え加減にし、ぐっと手前のほうにやや波状的に引きます。

刃先まで引き終ったときに、一片の刺身が切り離せるように、引く力と押える力、それに庖丁を引く速度の三つがぴったりと合って、はじめておいしい刺身が作れます。そして、柄元から刃先へ三日月形を描く気持で庖丁を動かし、切り終えたら庖丁を右へ移動させ、右へねかせて、さらにつぎの動作に移ります。

魚肉を俎板の中央に置くと、庖丁を握っている自分の指が邪魔になり、いきおい刃の中央から先のほうで切ることになって、折角の長い刺身庖丁の機能を生かすことができません。また、よく切れない庖丁を使うと、一度にすかっと切れず、押す力が強くなる結果、肉質が押しつぶされて、味が悪くなります。

ともあれ、庖丁は手に代る道具なのですから、腕と庖丁とががっちりと一本になったとき、はじめて手際よい庖丁使いができるのです。掌《てのひら》の半分が柄にかかり、中指、人差指、親指が刃の柄元のほうへ若干出ている持ち方が、最も合理的な持ち方といえましょう。

食器につまらない絵付があるために、料理が負けてしまうことが往々にしてありますが、食器というものは、その中に料理を盛って美しいと見えてこそ、はじめて食器としての値打ちがあるのです。

しかしながら、戦後の食器作りの傾向として、素朴な手法で、健康的なものを作ろうとする意図がなくなり、つまらない技巧ばかりを弄した、用途に合わないものが多くなってきています。

それというのも、本来、食器作りは職人仕事であるのですが、少しばかり仕事ができるようになり、名前も出るようになった、いわゆる先生方が好んで芸術品といわれる展覧会向きの作品を作ろうとするからであります。そして、同じ陶土や釉薬《うわぐすり》を使っても、食器と花瓶とでは値段が違うために、安い食器を敬遠すること、さらに食器作りはまだ腕に自信のない、未熟な人たちの仕事であるという、誤った考え方があるためであります。

その上、見た目にきれいにさえ作れば、それが即芸術品という錯覚を起し、やたらと薄っぺらな、絢爛な感じのものばかりを作ろうとしているのです。

こういう風潮の下に作られた器は、待合《まちあい》芸術といいましょうか、一時的に使うにはともかく、日常長く使って楽しいというものではありません。結局、売らんかな主義に毒された、奇を衒《てら》ったものが横行し、器だけが一人歩きをする、不安定なものが氾濫することになるのです。

一方、柳宗悦《やなぎむねよし》先生提唱の、機能美を基調とした民芸風の器も流行していますが、食事のムードを盛り上げるやわらかさと清潔感にやや欠けるようで、果物などには合うのですが、料理には強すぎて、盛りつけた料理を殺しかねないものもあります。

中国の宋から明にかけて作られた器のように、一生を絵付の仕事にかけた職人の作品は、一見絵が描きすぎのように見えてもその実、土になじんだ陶画になり切っていて、料理の邪魔にならないから不思議であります。

器というものは本来、陶土の力を上手に利用して、無理なく仕上げ、曲線の伸びが確実でおおらかでさえあれば、絵付など必要ないのです。それが、形に自信が持てないため、不必要な絵を描き込むことになるのです。

茶道の「白紙の讃」の持つ意味は、器の絵付にもいえることで、余韻を尊ぶ心が日本人の情緒というものなのであります。

瀬戸物屋さんの店頭では、よくお茶碗から漬物皿まで、同じ模様のものが売られており、どういうわけか、同じ模様のものだけを選んで求める方がありますが、食卓にいつも同じ絵柄の器ばかり並べられていては、飽きがきてしまいます。

数え切れないほどの形や色彩、絵柄のものが売られているのですから、それらをうまく取り合わせてこそ、器の持つ楽しさが味わえるのであり、食事もおいしくいただけるというものです。あくまでも用途に合った選択をおすすめします。

温泉地の旅館などでは、最初から食卓いっぱいに料理を並べたてます。そして、より豪華に見せようとするせいなのでしょうか、大きな器を使う傾向がありますが、あれはいけません。人間が一回に食べられる量には、おのずと限度があり、その分量に合った器の大きさというものがあるのです。

特にご家庭では、必要以上に大きな器を求めてはなりません。大きな器は置き場所にも困りますし、料理を盛るとき、器の空間を埋めようとして、やれ紫蘇の葉だ、花胡瓜だという風に、料理が馬鹿派手なものになり、邪道が邪道を生む結果となります。

〝大は小をかねる〟この諺は、こと器に関しては通用しないのです。

漆器は、日本が世界に誇る器であります。

掌中に受け抱えたときに伝わるぬくもり、蓋をあけたとき、立ち昇る湯気に混る木の芽や柚子の香り、さらに漆地に映える椀中の品々の色どり、まさに、日本の国柄の良さ、風土の良さが、ここにあります。

お椀だけは、少々値がはっても、上質のものを求めてください。安定がよく、唇の触れる部分のカーブがほどよい丸味をおびているもの、こうしたものを求めれば、長い使用に耐え、使えば使うほど漆器の良さが生まれてきます。檜《ひのき》製か欅《けやき》製が最上品といわれ、三年も五年も乾燥させた材質なら、何十年使っても、少しも変形することはありません。お椀は丈夫で、使いよいもの、つまり健康的な形姿を第一とします。

その形さえよければ、絵付などは二の次のことであります。

# 味噌に寄せて

近頃では、味噌も次第に良質のものが出廻るようになってきましたが、これは大変喜ばしいことであります。

朝の味噌汁に使う、いわゆる赤味噌は、東京では主に信州味噌に代表されているようですが、中には赤味噌とは名ばかりの、白っぽくて塩辛い味のものがあるのは、どうしたことでしょう。

味噌に限らず、戦後、白くしたものを良質とするおかしな見方が一般に広まり、必要以上に精製したり漂白した食品が多く、味は落ちても見かけを良くすることに重点がおかれる傾向があります。

そういう歪められた風潮に便乗して、白っぽい味噌を食べると色白になるという販売員の言葉にまどわされる主婦もあると聞きますが、笑い話で済まされない、悲しい現実であります。

味噌は、いわゆる天然熟成のものに本当の味噌らしい旨さがあり、その熟成に月日をかけたものほど、色のついたコクのあるものができるのであります。白の色の赤味噌などというのは、不自然きわまりない代物で、短期間の速成味噌ですから、直線的な塩辛さ、麹《こうじ》臭い甘さ、大豆の豆臭さの、三つの味が判然とした、味噌とは名ばかりの、味噌らしき味噌なのです。本当の味噌とは、この三つの味が合体し、さらに醸《かも》し出された時間が加わって、まろやかな渾然とした旨さになったものをいうのだ、と、わたくしは思います。

この本当の味の味噌を知らないままに、味噌らしき味噌を食べ慣れたため、見かけ倒しの安い味噌が一般に浸透している現実は、やがて味噌という重要な食品が敬遠されてしまうことにつながるのではないか、とさえ案じられます。

おそろしいことであります。

「わたしの家では昔からこの味噌だけを使っています」といって、一つの銘柄の味噌を盲信的に一年中、いや、五年も十年も使いつづけている家がよくありますが、これはぜひ考え直していただきたいものです。

このような味噌の使い方は間違いで、人間の味覚が四季寒暖に合わせて変ることを考えない、全くの惰性的な使用法といえます。

味噌はなにも一種類しかないというわけではありません。甘いものから辛いものまで、多種多様なものが揃っており、アサリやシジミ、それに野菜類、さらにワカメや豆腐など、中身となるものによって調合を変え、工夫をして、時候に合った味を作り出していくことができるのです。その上、同じ家族にも、お祖母さんの好み、お父さんの好み、と年齢によってそれぞれ好みがあるのですから、その好みを生かすためにも、種々の味噌を使うことがのぞましく、理にかなっています。

だいたい、夏はさっぱりとした味が向くので、赤味噌八に三州味噌二の割合で合わせるのがよく、寒さに向うにつれて、三州味噌を多くしていきます。

京都の懐石では、白味噌を多く使いますが、梅、菜の花、桜と、花の時季の移りにつれて、次第に白味噌に合わせる赤味噌の量をふやしていき、梅雨に入ってからは白味噌は使わず、秋口になって、ふたたび白味噌を加えていくのです。

このように、季節に合わせ、またその土地土地の風土、習慣に合わせて、各自の好みを考えながら、個性に富んだ自家製の味噌汁を創作していくことが大切です。

味噌ほど美味と不味との差が甚だしいものはない、と、よくいわれます。このことは、いいかえれば、それだけ味噌汁を作る楽しみも多い、ということになるのではないでしょうか。

## 光と食べもの

食事をおいしくするには、照明が重要な役割をはたしていると思うようになったのは、わたくしが若い時分に、谷崎潤一郎先生の『陰翳礼讃《いんえいらいさん》』という本を読み、感銘を受けてからのことであります。

食事をするとき、あまり照明が明るすぎると、憩《いこ》いは得られないようであります。大勢が集まって陽気に騒ぐ宴会ならばよいのですが、しみじみとものの味を味わうには落ち着きがないようです。このように同じ食事といっても、その場合場合によって目的が違い、それぞれの雰囲気にマッチした照明方法を考えなければなりません。

ところが、一般家庭はもとより、専門の料理店においてさえ、この照明への配慮が欠けているようであります。概して、青白い照明の下では、あらが隠れて見た目にはきれいに見えるものの、醸《かも》し出される雰囲気は冷たく、温かみに欠けます。こういう場合は、陽性の暖色系の照明を補い、陰気臭くなるのを避けます。

一日の仕事に疲れた人や、地方から出てこられ、大都会の騒々しさに気持が苛立っているお客さまにほっと一息入れていただくために、わたくしの店では、暖色系の照明を幾分暗めにしております。

一般家庭での照明で気がつくことは、電力消費を節約するためか、どちらかというと暗すぎるぐらいにしているのを見かけますが、あれはどうかと思われます。

一日中、外で働いてきたご主人や、用事で遅くなった子供たちが、家庭という憩いの場所に帰ってくるのに、玄関がほの暗いのはいかにも侘《わび》しく、心に安らぎが生まれませんし、家路を急ぐ喜びもそがれてしまいましょう。玄関が明るく輝いているのは、主婦の暖かい心遣いが感じられて、ほっとするものです。

人間の微妙な感情をとらえるのに、照明に心を遣うことがいかに大切なことか、十分ご理解いただきたいのです。

特に、家にお客さまをお迎えするときは大切で、明るく灯りをつけ、お待ちする心を表わします。これが陰気な照明では、いくらもてなしのお料理が豪華であっても、片手落ちのそしりはまぬがれないでしょう。

わが国には、太陽光線の恩恵に浴した食べものが、案外多いようであります。

魚の干物とか、乾燥野菜類（干瓢《かんぴょう》、切干し大根、干し椎茸、ゼンマイ、和布《わかめ》、ヒジキ等）は、干している間に旨味が生まれ、独特の味が醸し出されるのです。

浅草海苔や和布などは、天候次第で品質が左右されやすく、晴天の下で一度に干し上がる場合はよいのですが、天候不順のときは同じ材料でもでき上がりに差が出てきます。近頃では、電熱器を利用して、同じような品質のものを干し上げるようですが、見かけはきれいでも、味の点ではやはり天然の熱と光によって仕上げたものにはかないません。栄養の点でも差があります。太陽の力とでも申しましょう。

そこで、新鮮な野菜の出廻りの少ない時期は、乾燥野菜を上手に利用することが、経済的にも栄養的にもよいことですが、戻し方が面倒なせいか、あまり利用されていないのは残念です。戻し方は、水をまめに取り替えながら気長に戻すのがコツで、どうか手間をいとわず、もっと乾燥野菜をお惣菜として研究していただきたいと思います。

この他、木の実の類（栗、クルミ、カヤ等）が手に入るなら、大いに利用することをおすすめします。

# 買物上手

この頃の主婦の方々は、全般的に、良い買物をしようとする意欲に欠けているように思われます。

その原因として、店頭に立ち、品物を選ぶときの熱心さが足りないこと、献立がその場その場の思いつきで一貫性のないこと、そして、材料の旬を知らないこと、などが挙げられます。

野菜にしろ魚にしろ、良いものを買うにはもっと遠慮なく声を出し、手にとってみて、店員に品質をたしかめて買うようにすべきです。ミンチ用の肉を買うのを恥ずかしがったり、アジを買うのに猫にやるといったりする人がいるそうですが、仕様もない体裁をつくろって、何の足しになるというのでしょうか。

丸干し一つ買うにしても、しゃんと目を開いてよく見て求め、家で食べるときは真剣に味わって、今日のは色艶は良かったが辛いとか、ちょっと干しが足りないので異臭があったとか、その都度しっかり味わい分けておけば、つぎに買うときは、ちょっとさわっただけ、見ただけで、すぐ良し悪しがわかるようになるでしょう。この真剣さを三回もつづければ、どんなに鈍感な人であっても、上手な買い方は完全にマスターできます。

ただ漠然と、八百屋や魚屋の店頭のムードに酔い、お体裁の買物をしている――こんなことを繰り返していては、いつまでたっても、やりくり上手、料理上手の奥様にはなれません。その日暮らしの買物は、主婦の料理の腕のなさを証明しているようなものです。

一週間の献立を――とは申しません。せめて前日ぐらいまでに翌日の献立を考えておいてほしいのです。昨日今日、料理作りをはじめたわけではなし、主婦には一日たりとて欠かすことのできない務めなのですから、この頃は何が安くて何が旨い――ということを頭にとどめておき、前日使い余したものを考え合わせれば、おのずと献立はできるはずです。

日暮れになって、あわてて買物に出、店頭で献立を考えるようでは、不経済な買物しかできず、結局、おいしい料理は作れません。

昼間、テレビのドラマを呑気《のんき》に視ている時に、八百屋さんに行ってごらんなさい。店は空いていて品選びはゆっくりできますし、熱心な買物の態度に、店員さんもつい良い品を教えざるを得ません。ここのところが買物上手になるための微妙なポイントなのです。

また、経済観念の発達しているのはよいのですが、いつも安いものばかり――というのも考えものです。少々高くても、良質の新鮮なものなら、たまには思い切って財布のヒモをゆるめてください。

例えば、鯛です。

新鮮な鯛は、身を刺身にしたり焼きものにしたりする他、骨は白焼にして、スプーンで骨の間の肉を掻き取ってデンブにしたり、ウドンに入れたり、タイ味噌を作ったり、と、いろいろ利用できるのです。残った骨やヒレは水から煮立てて出し汁を取れば、一尾の鯛のほとんど全部が捨てるところなく使えることになり、案外安くつく場合があるわけです。

さて、旬については、これまでことあるごとに述べてまいりました。

近頃では、野菜の促成栽培や冷凍食品やインスタント食品の氾濫で、専門の料理人の間でさえ、正確な旬を知るものが少なくなってきたのが実情ですから、一般の主婦の方々がご存じないのは無理のないところかもしれません。

旬とは、厳密に、出盛りの十日間をいいますが、一般的には、大量に出廻り、しかも新鮮で安い時期——と考えてさしつかえないでしょう。

毎日、買物に出たときに店頭の様子をよく注意して見てきてください。店頭に並べられる品々に、ゆるやかではありますが、変化があることに気づかれるでしょう。

見た目にいかにもおいしそうなもの、そして比較的安いもの、それが旬のものなのです。

一方、量は少なく、健康的なおいしさが感じられないのに、高い値段がついているもの、これは促成栽培もので、旬のものとはいえませんから、敬遠されるほうが無難でしょう。

日本人ならば、何がどの季節のものか、大体は知っています。冬に胡瓜やトマトを求めるような愚は、見栄買い以外の何ものでもありません。

今、申し述べたことを念頭に置き、店員さんに尋ねて、できるだけ近在のものを求めるようにすれば、まず旬について、大きく違えることはないでしょう。

何はともあれ、買物上手は常日頃の心構えが大切であり、真剣な料理作りに取り組んではじめて生まれてくる知恵なのですから、一家の台所をあずかる主婦の方々は創意と工夫を持って、励んでいただきたいものです。

# 現代飲食店心得

現代社会には、さまざまな営業種目がありますが、中で飲食に関する業種は、自他ともに、とかく軽い商売のように考えられてきたと思います。しかし、よく考えてみると、このような風潮は大変なあやまりであることがわかります。飲食店はお客さまに料理を供するという責任ある商売をしているわけで、別ないい方をすれば、他人さまの生命をあずかっている、といっても過言ではないからです。

近頃、一度に大勢のお客さまに料理を供する食堂などでは、鍋や器を洗うのに、効率のよい洗剤が使われ、食品の漂白のために薬剤が使われていると聞きますが、これらの洗剤や薬剤には、微量ながら人体に有害な成分が含まれており、大変危険であります。

店の経営者や板前さんは、まず何よりも、このことを十分に認識してほしいと思います。

飲食店が会社組織になったとき、第一に気をつけねばならないのは、利潤追求についての態度であります。会社であるからには、利益をあげるのは当然で、社会的にも妥当なことなのですが、その度合が激しすぎると、肝腎の味のほうがだんだんと落ちてきます。

昔から、個人営業の店には、一種の気概というものがありました。それは、職人気質といってもよいもので、値段の高低はさておき、とにかく他の店では味わえない味をお客さまに食べていただくのだ、という一徹な気持が店を支えていたのです。現在でも、たまにはこういう店を見かけることはできます。

しかし、会社組織になり、利益第一の営業方針の店がふえてくると、材料の質を落したり、調理の手を抜く、といった具合に、味の低下は避けがたいものとなり、いきおいそういう店で働く料理人の腕そのものも落ちてきます。

どのような商売でも同じでしょうが、ある程度採算を度外視した、職人根性のようなものが必要で、ことに飲食店において、このことは大切なのではないでしょうか。

同業者の一人として、あえて一筆認《したた》める次第です。

近頃、いわゆる〝なんでも屋〟飲食店が花盛りであります。丼物なら何から何まで十五種もあるとか、日本料理も中国料理もあります、といった類《たぐい》の店ですが、お客さまが本当に喜ぶメニューは、そうやたらと数多く作れるものではありません。いろいろと取り揃えてあるのは、一見サービスがよいように見えますが、心からのサービスではないのです。

例えば、日本ソバ屋なら、具を入れない、モリソバで勝負すべきだ、と、わたくしは思います。卵をのせたり、天ぷらやかやくをのせるのは、栄養の点からみれば結構なことでもありましょうが、肝腎のソバの味に自信が持てないため、あのようにしてうまそうに見せかけているのではないでしょうか。そして当然のように、値段は高くなり、儲けの幅は大きくなります。味をごまかして、利潤をあげることが先になっては、この競争の激しい世の中では、共倒れは必至です。

この頃は世の中も落ち着いてきて、お客さまの味覚も次第にたしかなものになりつつあります。こうなると、少々遠くとも、高くとも、味で勝負する心意気の店のほうへお客さまの足は自然と集まって行くでしょう。品数は少ないが、これだけは絶対に他の店には負けないという信念のある店、こういう店が繁昌していくのです。

小言のついでにもう一ついわせていただきますと、どうも近頃の店は、お客にこびすぎるような気がしてなりません。現代のお客の好みに安易に迎合して、店の信念を曲げると、結局は曖昧《あいまい》な味になってしまい、その店の特色を失う結果になります。

蜜豆を例にとりますと、蜜豆とは本来、豆と寒天が主体となるものなのに、現在の多くの店では、豆が少なくなってその代りに餡やアイスクリームが乗せられてきます。これなどは流行にこびた典型的な例で、こんな寄合い世帯のような混乱した蜜豆からは、本来のあの細やかな味わいは、到底求められません。

最後に、外食専門の食堂に望みたいことがあります。

まず第一に愛情を籠《こ》めたサービス、第二に時間を決めて店を開く、この二つを是非、実行していただきたいと思います。

外食食堂を利用するお客さまは、通りすがりの客種とは違い、いつも決まって利用される方が多く、顔ぶれもある程度定まっていますから、安くておいしいものを食べていただくことが大切です。そのほとんどは独身者でしょうし、いわば家庭の食卓の延長でもあるわけですから、連帯感を伴った細やかな愛情で接してあげることです。

また、時間制の営業は、例えば、昼食と夕食の間を区切り、その間に休養をとるようにすれば、気持もあらたまり、よい料理が作れます。だらだらとしていては、よい仕事はできません。幸いなことに、外食専門の店は、お客の出入りする時間帯が決まっているのですから、なおのこと、この時間制営業を実行してほしいと思います。

# 仕事への心意気

「好きこそものの上手なれ」というように、仕事を選び、さらに上達するには、まず好きであることが、第一の条件であります。

好きでしているうちに、仕事に楽しみが生まれ、その楽しみが一層の上達をうながすのです。料理を業とするわたくしどもの仕事でも、手とり足とり、技術的なことをいくらやかましく教えても、本人に覚えようとする意欲がなければ、進歩はありません。

これは、いわれただけのことをお義理にしているからでありまして、人に教えられたことに自分の創意を加えて、なんとか能率を上げようという心構えが足りないからであります。

この心構えはどんな仕事にも必要なことですが、料理上手になるには、この心構えに加えて、味覚神経のたしかさが要求されます。多くの人の中には、味盲、つまり味覚音痴といわれる人がいて、こういう人は気の毒なことですが、いくら修業しても駄目です。ちなみに、日本人で国民全体の約一三パーセントが味盲者であるといわれています。

どんな仕事でも、はじめて三年ぐらいには、必ずあきがくるものです。一般には「スランプ」といわれていますが、いくら好きでやっていても、このスランプは必ず訪れ、いい知れない壁に突き当たって悩むものです。

これを克服するには、創意と工夫、それに感激が必要であります。

例えば、自分にあてがわれた仕事以外のものに目を向けて疑問を持ちます。そして、全力を傾けて、その疑問と対峙《たいじ》するのです。やがて、自分だったら、こうする、というひらめきが生まれます。そのひらめきがきっかけとなって、疑問は解け、自ら見出した工夫によって、おのずとスランプから解放されるのです。

特に料理にたずさわる人は、自分のしている仕事は、人間の生命、倖せを作っているのだ、という大きな感激を胸にして、一層の意欲をかき立てるべきであります。

自分の作った料理は、名も知れぬお客さまによって食べられているのです。中には、ただ一度しか店にこなかった方もあるかもしれません。しかし、そのお客さまが、あのときあの店で食べた料理はおいしかったと、一生舌の片隅で覚えていてくれるかもしれないではありませんか。

それを思えば、料理人冥利《みょうり》につきる、大きな喜びが湧こうというものです。

近頃の若い人たちは、仕事を自分のものにしようとする欲望や意欲が弱く、享楽に耽《ふけ》ることばかり考えている人が多いようです。

昔は、技術を自分のものとして、将来の生活の糧にする意欲に燃えて、仕事に充実した楽しさを求めたものでした。

娯楽も恋愛もいいでしょうが、今の青年にはまず、将来の生活設計を考えて、やがて妻子を養うだけの腕を持たねばならないことを自覚して欲しいと思います。

高嶺《たかね》の花ばかりを求めて、しっかりと大地に足を踏みしめている人が少ないのは残念なことです。これも、ちょっとしたことですぐに名が出て、世にもてはやされる時代の風潮がそんな気持を起させるのでしょうが、目先のことだけでなく、一つの仕事に命をかけ、二十年、三十年先のことを考えて、自己鍛練に励む青年がもっと多く出てきてくれることを祈っています。

それにはまず、自分の仕事に誇りを持ってください。大工は大工、料理人は料理人、そして陶工は陶工なりの自覚を持つ、それでいいのです。

その上で、自分の仕事を大切に、厳しい集中力を注いで、修業に励んでいただきたいと思います。

# 加減さまざま

# 味加減

わが国は、年間における寒暖の差が大きく、わたくしたちの味覚も、その時々に応じて、変化いたします。従って、一年中同じ調味では、常においしいと感じられる料理を作ることはできません。

そこで、加減ということが必要になるわけですが、冬の寒さの厳しい折は、エネルギーの消耗も激しく、肉体が塩分をも、糖分をも要求する結果、自然と濃厚な味つけとなります。反対に、夏の暑い時は、さっぱりとした調味でなければ食欲が起らず、濃厚味の食べものではおいしくいただけません。これは当然のことであります。

しかも、日本は南北に横たわる島国であり、暖流と寒流との合流点に位置しております。この二大潮流は、春秋はほぼ本州中央部で合流し、冬と夏とでは、合流点が南と北へ移動するという、複雑な気象条件を備えているのですから、調味加減も全国一律というわけにはまいりません。

このことは、桜の開花時期をとってみると、端的にわかります。毎年桜の時期になりますと、桜前線なるものが話題を賑わしますが、鹿児島と青森との間では、開花に約一カ月半の差があり、いかに日本という国が気候の上で変化に富んでいるかがわかります。

冬は濃味《こいあじ》に、夏は淡味《うすあじ》にと申しますが、これを清《す》まし汁の加減にいいかえますと、冬は塩を微量にして醤油を多くし、夏は塩を多く醤油を少なくする——ということであります。こうしますと、冬向きの味加減は口当りにまったりと重厚になり、夏向きの加減はさっぱりとしたものになります。

気候の温暖な春秋は、その中間の加減がおいしい味加減ということになり、春夏秋冬の味加減は、あたかも井戸釣瓶《つるべ》にたとえることができましょう。

清し汁仕立のお汁は、煮えばなを待って、塩をぱらっと広くふり入れ、醤油を滴々とたらして、九割方の味加減にします。

目をつぶって、味見をし、勘通りの加減になっていたら、残る一割の味を加えて、すぐお椀によそい入れます。

加減をしてから沸騰させると、醤油味がくどくなりますから、ガス火だったら火力を弱めることをしますが、とにかく味加減の判断は、素早くしなければなりません。迷いは禁物であり、日本料理のむずかしさは、何といっても、この一瞬の判断にあると思います。

懐石の椀盛の加減は、物足りないと感じられるぐらいが最良です。と申しますのも、すでにご承知のごとく、椀盛は中身の量が多く、濃厚なものと淡味なものを取り合わせて、たっぷりの清し汁をはります。こうしたたっぷりのお汁の場合、最初の一すすりでおいしいと感じるような加減では、最後の味がしつこく感じられるからであります。

最初の一すすりが物足りなく感じられると、その後、心理的においしさを求めて、味覚が鋭敏になります。そして、中身の濃淡を取り混ぜて食べ、お汁を吸い——を繰り返し、最後の一すすりで、おいしかった、と感じるものなのです。ここが料理における加減上手のポイントであります。

味加減と一口にいいましても、一つの味を構成する要素は多種多様であり、複雑多岐であります。冒頭に申しました気候条件をはじめ、老若男女の別、年齢、と、ありとあらゆる条件を勘案した上で、はじめて上乗の味加減が達成できるのでありまして、いわば雲を摑むような話ではあります。

このような漠然とした中で、たよりとなるもの——それは、料理を作る人の舌であります。暑い寒いによって食べる人の味覚が変化するのと同様に、作る人の味覚も変ります。目をつぶり、お加減をたしかめるとき、まず、自分の舌で決定する習慣をつけることです。不安ではありましょうが、自分の舌を信用し、正直に、自信を持って、これでよいという決定権を行使してください。

試行錯誤の繰り返しが、次第にたしかな味加減を育てていってくれるでしょう。不安だからといって、数字的な分量調味にたよってはなりません。数字にたよる習慣がつくと、味覚の感度は鈍り、本当のもののおいしさもわからなくなります。

これは余談でありますが、わたくしども料理を本職としている者は、いつも満腹と空腹の中間の腹具合を保っています。それというのも、極端な腹具合ですと、味加減をみるにも料理を作るにも気合いが入らず、味の良し悪しが的確に判断できないからであります。

こうした知恵も、つまるところは、自分の舌をいつも鋭敏にしておくことから生まれたもので、味加減というものは結局、自分の舌が支えているのだ、という覚悟の上に立ってのことであります。

# 煮加減

煮加減の結論は、食べやすいやわらかさに煮ることにつきます。あたり前のことのようですが、このあたり前のことがなかなかできないところに、煮るという調味法のむずかしさがあるのです。四季折々に自然が作ってくれる恵みには、それぞれに固有の旨さがあり、その季節の滋味を引き出すのがよい煮加減といえます。

煮加減が上乗である場合、箸でぷっつり切れるものは、大きく切って煮ることです。大根、芋類、筍《たけのこ》、南瓜《かぼちゃ》などは、できるだけ大切りにしてください。大切りにすれば、素材の持っている味は逃げることがなく、調味以前の楽しい滋味が味わえるわけです。

もう一つ、色良く煮上げようとする悪い習慣は改めることです。

色よく煮ようとして、醬油を少なくし、塩と砂糖で片寄った味つけをしたり、蕗や豆類の緑色を鮮やかに見せようとするあまり、煮えを浅くして、歯触りにゴリゴリするのもかまわず――といった暴挙をあえてすることは、折角の滋味を捨てているのと同じであります。澱粉質のもの、例えば、芋類や百合根といったものには、砂糖も必要でしょうが、その他のものへの使用は慎重にすべきで、また、色素を使うことは決してなさってはなりません。

冒頭で、食べやすいやわらかさ——と申しましたが、これは、心地よい歯触りということでありまして、煮すぎてグミグミにしてしまっては、これまた、持ち味を逃がすことになり、おいしくありません。

蕗のとう、蕗の葉、干し菜、唐辛子の葉などを煮込む時に、煮汁が残らないで、とにかく煮つけてしまう——という方が多いようですが、歯触りの点で一考を要する煮方であります。

こういう時は、煮汁のあるなしにかかわらず、煮え加減をたしかめ、今だ、という時がきたら、空鍋にのせたザルにうちあけ、煮汁と具とを放さねばなりません。

そして、煮汁が冷めてからふたたび汁と具を一緒にして味を含ませたり、また、煮汁だけを煮つめて冷やし、具にからませておく——という配慮が必要であります。こうすれば、味、歯触りともに完璧な煮ものができます。

煮ものは総じて、歯触りを第一に考えることが大切で、色合いは二の次と思ってさしつかえないでしょう。世に出ている料理書などを読んでみますと、とかく色合いのことを重んじて、肝腎の味をおろそかにしている傾向が見受けられますが、これは主客転倒した考え方と申さねばなりません。

# 茹で加減

茹《ゆ》でてから水に取り、浸《ひた》しものとして食べる場合、歯触りに心地よいところまで茹でることが大切ですが、ものによっては、色がやや褪色《たいしょく》しても、歯触り第一の茹で加減を考えねばなりません。これは煮加減と同様であります。

ほうれん草とか菊菜などの葉菜類は、色良く、しかも歯触りを重視して茹でますが、それにはガスとか電熱器などの火力と湯の量が問題です。

つまり、湯の量は火力の限界以下であること、いいかえれば、余裕を持った火力で、早く沸騰させることが大切なのです。早く沸騰させるということは、手早く茹でることにつながります。長々と茹でていては、色も味も落ちてしまうので、それを防ぐ意味で、少ない湯量と強力な熱量が必要になってくるわけです。

茹でる材料が多い場合は、二回に分けて茹でることです。湯の温度は材料を入れると一旦下がり、ふたたび沸騰してくるのですが、この間の時間が長くかかるとよく茹で上がりません。熱量と湯の量も無視し、一ぺんに多量の材料を茹でるのは禁物です。

豆類やかたいものは、長く茹でないとやわらかくなりませんから、余計熱量が多くないといけないわけであります。

青豆や絹さやを色良く茹でようとして、早めに水に取る方がありますが、これでは色は綺《き》麗《れい》にあがるものの、かたくておいしくありません。水につけるということは、かたくなることと――この事実を忘れてはいけません。そして一度水につけたら、やわらかくなりにくいのです。

煮ものをするときの下茹では、まず、あらかじめ煮汁を煮立てておき、一方、ほどよく茹だったら、水には取らず、そのまま煮汁へ移して煮るのが理想であります。

しかし、アクの強いものは、茹でてから水にさらさねばならないのは勿論で、これはすでにご承知の通りであります。

# 蒸し加減

蒸しもので、中心部まで熱が通ったか否かを知るには、やはり、細い竹串を突き刺してみて、先端に触れる感じによって判断することが、一番手取り早く、確実な方法であります。

一塩をした魚の切り身などは、竹串をすうっと突き刺していき、蒸せていないところにあたると、手に伝わってくる感触が微妙に違ってきます。

慎重に、全神経を竹串の先に集めて、この微妙な感触の違いを探知する訓練をしてみてください。

もっとも、新鮮な魚の場合、蒸しすぎると、折角の美味が損われますので、およそ九五パーセントの蒸し加減で蒸し器から出し、あとは余熱で一〇〇パーセントの蒸し加減になるようにするのが理想であります。

蒸しものの代表に、たまご蒸しがあります。

溶いたたまご汁に出し汁を合わせてあるので、蒸せてくると表面の一文字《いちもんじ》がふくれ気味になりますから、慣れた方ならば、竹串を使わなくてもよくわかります。しかし、初心者はやはり竹串を静かに刺して蒸し加減をみます。

刺した竹串を静かに引き抜いてみて、串の先に液がついて濡れているのは、まだ中心部が蒸せていない証拠ですから、中火でさらに蒸さねばなりません。

もともと、たまご蒸しの火加減は、表面一帯が蒸せるまでは中火で蒸し、その後はぐっと弱火に落して気長に蒸す――というのがコツで、たまご汁の量にもよりますが、まず二十分間はかかるつもりで静かに蒸してください。

蒸しものは、上手に蒸し上がると、表面が美しいばかりか、口あたりもなめらかで、おいしくいただけます。これが、表面にぷつぷつと小穴があいた蒸し上がりのものですと、中はスが入ったようになっており、舌触りに荒く、おいしくありません。

茶碗蒸しの場合は、器ごとに蒸すわけですから、弱火で気長に蒸すことが大切です。

# 焼き加減

焼くことは、おそらく人類が最初に考え出した調理法でありまして、素人目には簡単に思われるでしょうが、案外、むずかしいものであります。

まず、材料の吟味が大変で、鮮度の良し悪し、脂肪分の多寡、身の厚さなどを考慮に入れて、焼かねばなりません。

新鮮な海魚は塩焼にかぎります。活魚の場合はなおさらで、その焼き加減は、一〇〇パーセントまで熱を通してしまわず、九〇パーセントの加減で火から離して串を抜き、あらかじめ温めておいた器に盛って、すぐ賞味します。特に暑い季節は、口あたりのさっぱりした塩焼がよく、蓼酢《たです》を添えると味は倍加します。

昔から、強火の遠火で焼け——といわれておりますように、理想は炭火を使うのがよいのですが、現在、一般家庭での炭の使用は無理というものです。しかしながら、この焼き方の極意は、不完全ながら、ガス火や電熱器にも応用できますし、また、工夫をして応用すべきでしょう。ただ、オーブンを使うと、魚に含まれている水分が内部に籠ってしまうので、まず、無理であります。

炭火の場合、火というものは火床の中央部に集中する性質があるのか、中央はごく弱火にしておき、四方に炭を多く配置するようにしないと、均一に焼けません。しかも十五センチほど離して焼くのですが、四方は三、四センチぐらいまで近づけないと隅々に焦げ目はつかず、なんとも不思議な現象であります。

焼きものには、ほどよい焦げ目が必要であります。焦げ目即焦げ味であり、焦げ目をつけずに焼くことは邪道であります。

つけ焼は、つけ汁をかけながら焼きますが、つけ汁は濃口醤油六に清酒四、さらに好みで味醂《みりん》を少量落して調味します。

焼き方は、まず、一度火にかけて表面だけを乾かす程度に焙《あぶ》ります。それから、薄身の場合は二度、厚身は三度、それぞれかけては焼きかけては焼きを繰り返し、最後に裏に返して一度かけて焼き上げます。

幽庵焼《ゆうあんやき》は、醤油五、清酒三、味醂二を合わせた汁へ、魚の切り身を二十分から三十分間漬けてから、串に刺して焼きます。

つけ焼も幽庵焼も、串に刺して、中火の遠火で焼き、焦げ目をつけますが、幽庵焼の場合は全体に特有の淡い焼き上がりの色艶がつきますから、焦げ目というより焼き目というべきで、中火で焼き上げた色には食指が動きます。

塩焼が夏向きなのに対して、幽庵焼は秋から冬を越して春までの味でしょう。

川魚は、総じて、白焼を十二分にしてから、つけ焼にすべきであります。これは川魚に特有の生臭味を抜くためでありまして、煮つけるときも同様に白焼を十分にします。

ただし、例外として、同じ川魚でも、鮎の場合だけは塩焼にかぎります。

料理屋などで、よく焦げ目をつけずに白く焼いた鮎を見かけますが、あれは邪道でありま す。鮎もまた、焦げ目をつけ、焼魚の必須条件である焦げ味を堪能すべきであります。

最初に書きましたように、焼くという調理法は原始的ともいえますが、そのむつかしさは料理人にとって修業の最終コースともいわれるぐらいで、焼き加減の修得は絶えざる精進と工夫、研究と訓練とによってはじめてなし遂げられるのであります。

そして、その真旨は、人間の「やきごころ」と同様、中庸を第一とします。

## 揚げ加減

揚げ加減というのは、実に微妙なものでありまして、毎日揚げることを専門にしている人でも、勘の良い日とそうでない日とでは、同じ材料、同じ油、同じ温度で揚げていても、揚げ味に甲乙が生まれます。

例えば、生きたさいまき海老を揚げるとしますと、揚げる折の熱度が一〇〇パーセント通ってしまっては歯触りにかたくておいしくなく、八五パーセント程度の通り加減の時、口に運ぶまでの間に九〇パーセントの熱の通り加減となり、やわらかく持ち味が残り、はじめておいしくいただけるのです。しかし、どういうものか、なかなか、この八五パーセントの加減になってくれない日があるのです。

玄人でもこうですから、一般の主婦の方々に最高の揚げ加減を望むのは無理かもしれませんが、一応、長い竹串を用意しておき、突き刺してみて、ある程度の熱の通り加減をみるぐらいはできるでしょう。

さいまき海老の理想の揚げ加減は、熱の通り加減が八五パーセントでありますが、材料によって異なり、いつも八五パーセントと決まっているわけではありません。

アナゴの場合は一〇〇パーセント揚げなければ、皮がかたくておいしくいただけず、むしろ、揚げすぎると思われるくらいがよいのです。

また、揚げ昆布や揚げクワイなどは、百二十度くらいの中温で気長に揚げ、中心部まで揚がるようにします。

近頃、夏にアワビを揚げることが流行していますが、これなどは六〇パーセントの揚げ加減とし、真中は半生状でないとおいしくありません。イカも揚げすぎるとかたくなります。

揚げものの要点は、油をたっぷり使うことです。

といっても、熱量とのかねあいが大切で、分厚い鍋に多量の油を入れ、家庭用のガスでは、上手に揚がる道理はありません。あくまでも火力に見合った量ということで、できるだけたっぷりの油で揚げるのです。

茹でる場合と同様で、材料を入れた瞬間、油の温度はぐっと低下します。一旦、下がった油の温度がすぐ元の温度に戻らないと、しゃきっとした揚げものはのぞめません。

温度の回復を迅速にするためには、材料を少しずつ分けて入れて揚げればよいわけで、これが揚げものの第一のコツであります。

天ぷらの小ものを揚げる適温は百七十度といわれます。良い天ぷらを揚げるにはいつも百七十度に油の温度を保つようにすればよいわけです。

ともあれ、揚げ加減の会得《えとく》は、衣を箸の先につけてふり入れ、その揚がり具合を自分で試みるにかぎります。温度計を使ってもよいのですが、それよりも、やはり、常に自分の勘を働かせながら場数を重ね、体で覚え込むことが何より大切であります。

# 酢加減

かねがね、日本料理に数字的な分量調味は根本的に無理があることを申し上げてまいりましたが、その理由は、醤油をはじめ、酢や味醂など、調味料の品質には、銘柄によって大きな違いがあり、土地土地の気候風土による嗜好《しこう》もまた、一律ではないからであります。例えば、醤油ですが、一口に醤油といいましても、天然醸造の高価なものから、安価なアミノ酸と塩とキャラメルなどを合わせた、いわゆる調合よろしき醤油まで、多種多様であります。このような千差万別のものを一口に大さじ何杯と決めつけてしまって、よい調味ができるはずがありません。

また酢も同様であります。本当の酢は、米や酒粕などで造るのですが、現在、多く出廻っているのは、化学の力を借りた醋酸《さくさん》性の合成酢でありまして、酸味ばかり強くて、旨味は皆無といった代物であります。本醸造の酢には、酸味とまろやかな甘味が渾然一体となった旨味があります。

むしろ、こうした品質の良否の解説こそ大切だと思われるのに、料理書やテレビなどでは、それもせずに一律調合を堂々とおこなっているのは、憤懣《ふんまん》に堪えません。しかも、一年中同じ分量を押し通すに至っては、一種の罪悪でさえあります。

本題の酢加減とはかけはなれたことを述べてきたようですが、これも、酢については特に品質、個人の好みが大きくその加減にかかわっているからであります。

はっきり申し上げて、酢は米酢《よねず》にかぎります。他の合成酢はお使いにならないでください。もし、合成酢を使わざるを得ないときには、おろし大根をかるくしぼって少量混ぜるとか、清酒を加えたり、出し汁を混ぜ合わせたりして、酸味を押えることを考えなければなりません。ものによっては、大根おろしに二杯酢を混ぜて、おろし和《あ》えするのも賢明であります。

酸味というものは、総じて精神的なものが働いて、旨さを左右する、いわゆる神秘的ともいえる味であります。気分がいらいらしている時や、精神的に不安定な時は、酸味が欲しくなりますし、疲れている時には、すしを食べたくなったり、ちり鍋やシャブシャブ鍋がいつにもましておいしくいただけます。また、季節的にみましても、冬よりは夏に酸味を多く摂ります。

このように酢というものは、その時々の肉体的、精神的状態、寒暖などに応じて、きわめて変化に富んだ用い方がなされており、その加減もまた、多岐《たき》にわたって一概にはいえませんが、良質の米酢を使い、自分の舌でおいしいと感じる加減にすることが第一である——ということだけはたしかであります。

## 庖丁加減

「食説法」の項でも書きましたが、日本料理の源をさぐれば、貝塚の存在が教えているように、魚介類の生食から始まっています。料理を割烹《かっぽう》と申しますのも、烹は煮炊きのこと、割とは切る、割《さ》く、という庖丁を必要とする料理のことで、日本料理では割くことが、煮ることの上に位しております。

ところで、その庖丁加減を、海魚を例にとって説明しましょう。

海の上層を泳ぐ魚は、比較的水圧を受けていないため、身はやわらかく、水分を多く含んでいるので、食べやすい形をふまえて、分厚く切っていただくことです。ただし、腐敗が早いため、早くいただくにかぎります。

これに反して、海の底辺部に棲《す》む鰈《かれい》や鮃《ひらめ》、フグなどは、高い水圧をたえず受け、身はかたくしまっていますから、分厚く切っては食べられません。薄くへぎ作りにするのが常道であります。

鯛やグジ、イトヨリ――などといった赤色系の魚は、中層を好むので、身のしまり具合も適度によく、料理法もいろいろと多く、重宝な魚であります。

また、鮪のように大形な魚になりますと、獲りたてのものよりも、日数をかけて味の乗るのを待ち、身もやわらかくなるのを待って庖丁しますが、背の赤身は分厚く切り、腹部のトロと呼ぶ部分は、脂肪が多いので、薄めに切って賞味します。

日本独特の刺身という料理法は、前にも述べましたように、庖丁の切れ味によって味が左右されます。

平作りにしろへぎ作りにしろ、その他諸々の作り方のいずれも、よく切れる庖丁を使って、腕の立つ人が、すうーっと庖丁の根元から刃先までの一太刀で切ると、切り口は美しく艶があり、味もよいのですが、切れない庖丁で押し切るようにしたものは、切り口は乱れ、魚肉の細胞はおしつぶされて、味は半減します。

もっぱら、魚を例に述べましたが、野菜類も含めて、良い庖丁加減とは、おいしく食べよい大きさ、形に切る——ということに尽きます。何でも、薄く小さく切ればよいというのではなく、材料の質に従っての切り加減、切り方が大切で、これによって、調理以前に味が左右されることも多いのであります。

# 食べ加減

寒さが厳しくなると、鍋を囲んで食べるすき焼や沖すき、水炊《みずた》きなどの鍋ものが喜ばれ、また、蒸しずしや茶碗蒸しなど、温かいものに食指が動きます。

熱い料理というものは、加減の良し悪しを乗り越えて、とにかくおいしく食べられる、ということを、まず、皆さまに知っていただきたいと思います。いくらおいしく作られた料理でも、冷めてしまえば、美味の三分の二は逃げて行ってしまうのであります。

ところが残念なことに、現今の料理の大半は、この熱の効用を無視しているのでありまして、例えば、宴会料理は、熱い料理をわざわざ冷ましてからいただく有様であり、熱を逃がさないために蓋物に盛った料理がはじめから冷めていた、といった体たらくでありまして、作る側の心入れと食べる側の心構えとに大きな問題があるようであります。この悪癖につきましては、ことあるごとに指摘してまいりましたが、どうかもう一度、料理における〝熱〟の持つ意味を噛みしめていただきたいと思います。

ところで、できたての熱つあつの料理も、食べ方がよくないと、真の美味を摑むことはできません。その一例をスープにとってみましょう。

人間の舌の中央は、熱に対して鈍感であるらしく、熱いスープでも、素早く吸い込むようにすると熱さを感じません。熱を感じないくらいですから、味の感覚も鋭くなく、素早く音を立ててめしあがる方には、調味をよほど濃厚にしておかないと、おいしいと感じて貰えません。

こう書いてくるともう、おわかりいただけたかと思いますが、元来スープというものは、素早く咽喉を通過させるような味わい方をするものではないのであります。

どんなに熱いスープでも、スプーンに半量ほど掬《すく》い、静かに音を立てないで、含むようになめるように吸い上げると、その瞬間、口中で熱が分散されるように四方に広がります。

さまざまな味を味わい分ける味蕾《みらい》は、舌の各所に配置されていて、塩味、甘味、苦味、酸味、辛味、その他の味を専門的にキャッチします。ですから、スープも広く口中に含ませるようにしないと、真の旨味が感じられないということになります。

ゆっくりと、注意深く味わう——これは、動物の本能ともいうべき習性で、野生の動物たちは、この習性によって身を守ります。人間とて同じことで、わたくしたちの祖先である原始人は、身をもって、命がけで食べものの良し悪しを味わい分けていたことに思いをいたさねばなりません。

「味わう」という大切なことをなおざりにすると、思わぬ失敗から命まで落すことがあります。近頃、折詰弁当の中毒によって、一度に大勢の人間が寝込んだ、というニュースをよく耳にしますが、これなどは、「味わう」ことを怠った結果の醜態であります。

常日頃、厳密な味覚を養い、味わい分ける能力を持っておれば、中毒を起すような食べものは、一口、口にした途端、すぐ異様な味を感じるはずであります。

味わうことに未成熟な青年ではなく、それこそ、甘いも酸いも嚙み分けられる年輩の人間だけは、いち早く異味を感じて中毒を逃れられた——というのならともかく、一家全員が中毒したとは、悲しいかぎりでありまして、日頃の食べ方、味わい方が疎漏であったといわれても弁解の余地はありません。

「一度、咽喉を通ってしまえば、二度と取り出すことはできないのだから、食べものには十分注意すべきだ、と父は常々申しておりました」

と、幸田文先生から露伴先生のお言葉をお聞きしたとき、まことにもっともなことだと深く感銘いたしました。

＊

これまでも諸書にたびたび書きましたが、すき焼の豆腐は、箸でいじらずに七〇パーセントまで煮えるのを待ち、裏に返して一五パーセントほど熱を通してすぐに取り上げ、溶きたまごに浸して食べやすい温度に下げて食べるものだ、と若年の頃に教えられ、温度と美味との関係について開眼いたしました。

つまり、豆腐の持ち味と旨味を味わうためには、一〇〇パーセントの熱を通してはならないということであります。完全に熱を通してしまうと、フウフウ吹きながら豆腐を咽喉の奥へ送り込むのが精一杯で、豆腐の旨さなど味わう暇もありません。豆腐の中央部に一五パーセントのほのあたたかな部分があり、そこに豆腐の旨味が残っていて、その旨味を味わうのが、食べ加減のコツであります。

この例からもわかりますように、できたての熱つあつはおいしいものの、そのままでは食べられません。そこで、食べやすい温度にする知恵が必要となってきます。

それには、よそい入れたり、運び出したりする時の時間差によって、ちょうどよい温度にするわけで、器に盛る時は、やはり、熱つあつを盛るようにしなければなりません。

盛る時にすでに食べよい温度のものを素早く出すのと、熱つあつを盛り、運び出す時間で食べよい温度にしたものとでは、同じ温度でありながら、味わいの差は歴然としております。また、熱つあつのものを食べよい温度にするのは、食べる方の食べ加減の知恵ともいえます。

天ぷらの揚げたては、冷たい出し汁と大根おろしによって、食べるのに程よい温度になります。もし、揚げたてを食塩で食べるときは、揚げたてにすぐ塩をふりかけ、その塩が天ぷらの高温度によって溶けなじむ時間を待っておもむろにいただくようにすれば、温度も、塩味もよく、食べ加減は満点であります。揚げたては高温だからといって、少し間をあけてから塩をふりかけ、すぐに食べると、生の塩味が直接舌をさし、天ぷらと塩とが別々に感じられ、理想のおいしさは得られません。

ついでながら、天ぷらは出し汁醤油と大根おろしでいただくのが正道で、塩で食べるのは、好きずきとはいえ、おすすめできません。

*

水炊きや沖すきなどを、俗にいうポン酢で食べるのは、調味と温度調節を兼ねております。食べ進むにつれて、ポン酢は薄められ、淡くなりますので、新しいポン酢を注ぎ足して食べる方が多いようですが、そうするよりも、新しいポン酢を器ごとそっくり替えるほうが、味わいに新鮮さが生まれ、よりおいしくいただけます。

湯豆腐の場合、甘辛い調味汁を徳利に入れて、湯豆腐鍋の中へ立てかけ、熱くしておく方法もありますが、別法として、前述のすき焼の豆腐と同じ要領で、八五パーセントの熱の通り加減を考えて小皿に掬い上げ、豆腐の上に良質の生醬油を好みの加減に注ぎ、冷えた醬油によって適温にして味わうと、豆腐の旨味が生きてきます。小皿に滲み出た湯は捨てるなり味わうなりして、きれいにし、豆腐ごとに、あらかじめ用意しておいた薬味を取り替えながら味わうと、新鮮な補助味によって、つぎつぎと趣きが変り、一段とおいしく、楽しく味わえます。

薬味は、刻み葱、花かつお、もみ海苔、おろし生姜、一味、胡麻などを一種か二種用意します。薬味をたくさん入れすぎると補助味が主役をつとめることになり、豆腐の旨味が遠のきます。

鮎の焼きたてを、蓼酢《たです》に浸して食べるのも、温度と味の関係から生まれた知恵であり、わたくしたちの先祖は鋭い味覚によって、食べ頃の温度というものを知り、工夫に工夫を重ねて、素晴しい食べ方を発見したのです。

できたての熱つあつの料理には、調理の甲乙を乗り越えた旨さがある、と冒頭に申しましたが、どうか日本料理はできたての熱つあつをめしあがる習慣をつけてください。食べ加減のコツは一にも二にも、このことに尽きるからであります。

# お加減は体得するもの

これまで、お加減ということについて、さまざまな角度から述べてまいりました。

その結論として、わたくしは、お加減は体得するものであることを申し述べたいのであります。

日本料理は、材料の生地を生かす料理が多いので、味つけにあたって調味料の分量を決める必要はなく、はじめて台所に立つ方でも、日本人であるかぎり、やや淡《うす》めの調味にすれば、結構食べられるお加減になります。その上さらに、その日その時の体の調子に応じて味つけを濃くしたり淡くしたりすればよいので、決してむずかしいことではありません。

お加減を体得するには、まず、自ら料理を作ってみて、そのお加減をよく覚えておき、つぎに作る時の参考にするのです。これを真剣に三回も繰り返せば、一応その料理のお加減は、自分のものになるはずです。こうして、味つけも、煮方も、焼き具合も、場数を重ねるごとに腕が覚え、体が覚え込み、一つずつ自分の料理のレパートリーがふえていくのでありまして、決して、他人《ひと》から教えられたり、本を見ながらして作るものではありません。だいたい、祖国の料理の味つけを、本を見ながら分量計算で決めることは、恥ずかしい行為である、と、わたくしは思っております。

数字で示された分量調味の料理は、他人《ひと》の決めた味の料理であり、自分の手で作った料理とはいえません。料理というものは、その日その日の天候、体調に応じて創作するところに楽しみがあるのでありまして、早く数量調味を離れ、本を離れて、台所に立つことをおすすめします。

料理は机の上で習うものではなく、実際に手に触れ、庖丁で切り、舌を働かせて、体全体で覚えるのでなければ、本当の味は生まれません。小手先の模作料理から脱皮し、精魂を傾けた創作料理へと飛躍していただきたいと思います。

# 文庫版あとがき

料理の嘉言帳（『辻留・料理嘉言帳』昭和五十年十二月）というのと、心得帳（『辻留・料理心得帳』昭和四十七年六月、共に婦人画報社刊）との二つがあわさって「料理心得帳」の題名でお目見得することになりました。

どちらも、ことわりきれぬ人を介しての、依頼随筆を集めたもので、長短とりまぜてあり、それは料理の煮合せの、相性に似ております。

長をおさえ、短をおぎないして、別趣の旨味をだすのが相性のみどころであります。相性のよさが発揮できておりますれば、幸甚でございます。

昭和五十七年仲秋

辻留　辻　嘉　一

『料理心得帳』一九八二年一〇月　中公文庫を改版。

中公文庫

# 料《りょう》理《り》心《こころ》得《え》帳《ちょう》


1982年10月10日　初版発行
2005年２月25日　改版発行
2011年11月30日　改版２刷発行

著　者　辻《つじ》　嘉《か》　一《いち》

発行者　小林 敬和

発行所　中央公論新社
〒104-8320　東京都中央区京橋2-8-7
電話　販売 03-3563-1431　編集 03-3563-3692
URL http://www.chuko.co.jp/

ＤＴＰ　ハンズ・ミケ
印　刷　三晃印刷
製　本　小泉製本




Published by CHUOKORON-SHINSHA, INC.
Printed in Japan　ISBN4-12-204493-6 C1195

定価はカバーに表示してあります。
落丁本・乱丁本はお手数ですが小社販売部宛お送り下さい。
送料小社負担にてお取り替えいたします。

各書目の下段の数字はISBNコードです。978-4-12が省略してあります。

# 中公文庫既刊より

つ-2-12
## 味覚三昧
辻嘉一
懐石料理一筋。名代の包宰、故、辻嘉一が、日本中に足を運び、古今の文献を渉猟して美味真味を探究。二百余に及ぶ日本食文化と味を談じた必読の書。
204029-8

つ-2-15
## 滋味風味
辻嘉一
茶懐石六十余年の辻留主人が、歌舞伎、長唄、和歌、俳句などを随時引用して、二百種を超える日本中の美味真味を探求。辻留流奥義披露の指南書。
205529-2

B-18-7
## 洋食や
茂出木心護
日本における洋食やの草分け泰明軒でコック修業の後、独立して東京・日本橋に「たいめいけん」をひらいた著者が江戸っ子の心意気で綴るエッセイ集。
204141-7

た-22-2
## 料理歳時記
辰巳浜子
いまや、まったく忘れられようとしている昔ながらの食べ物の知恵、お総菜のコツを四季折々約四百種の材料をあげながら述べた「おふくろの味」大全。
204093-9

ち-3-54
## 美味方丈記
陳舜臣
陳錦墩
誰もが食べられるものをおいしくいただく。「食」を愛してやまない妻と夫が普段の生活のなかで練りあげた楽しく滋養に富んだ美味談義。
204030-4

た-34-5
## 檀流クッキング
檀一雄
この地上で、私は買い出しほど好きな仕事はない――という著者は、人も知る文壇随一の名コック。世界中の材料を豪快に生かした傑作92種を紹介する。
204094-6

た-34-6
## 美味放浪記
檀一雄
著者は美味を求めて放浪し、その土地の人々の知恵と努力を食べる。私達の食生活がいかにひ弱でマンネリ化しているかを痛感せずにはおかぬ剛毅な書。
204356-5